頭じゃロシアはわからない

小林和男
著

諺《ことわざ》で知るロシア

大修館書店

序文

文学や音楽、科学分野での目覚しい業績に魅せられ、ロシア語を学ぼうと入った大学の最初の授業で教授からロシア文字のプリントを渡された。諺《ことわざ》だから声に出して覚えろと言う。まだ文字も読めない私は怯《ひる》んだが、その時覚えた諺がロシアで偉大な力を発揮した。外国人がロシアの諺を口にすると、途端にロシア人の表情が緩み仲良しの友人に接するような態度になった。諺の効果は偉大だった。教授はニコリともしない謹厳実直な方だったが、ロシア人の心をしっかり摑んでおられたのだ。ロシアの政治家も諺をよく使う。外国首脳も心得たもので、ロシアとの首脳会談ではロシア人が好む諺を用意していた。シラク仏大統領や安倍首相がロシアの諺を使ったのを知っている。

ロシアのウクライナ侵攻以降、諺好きのロシアの人たちがどんな諺を口にしているかモスクワで広く活躍している友人に尋ねたらすぐに返事が来た。多くの人が〝頭じゃロシアはわからない〟と口にしているという。この短文は厳密には諺ではない。19世紀末のロシア帝国の外交官で詩人のフョードル・チュッチェフが作った四行詩の冒頭だ。ロシアで知らない人はいないだろうという。

頭じゃロシアはわからない／並の尺度じゃ測れない／
その身の丈は特別で／信じることができるだけ

ロシアの諺には、〝一人の発言では諺にならぬ〟と言うのがあるが、この四行詩の冒頭は読み人のわかった例外的な諺の地位を得ている。

私はロシアや東欧に半世紀以上関わってきた体験から、諺を柱にロシアを伝えようとずっと考えていた。数年前大修館書店からロシアの諺集出版の提案をいただいた。私がロシアや東欧を知るため企画した合宿と称する旅行に大修館の社長が数回参加しておられ、その影響かと喜んでお引き受けした。そうこうするうちにロシアのウクライナ侵攻が始まり、ロシアがますますわからなくなってきた時に書き上げることができた。諺は省略が多くて短く語呂の面白さが魅力だから、外国語への翻訳には一番難しいものだろう。本書ではロシア語の原文と日本語読みを付けた。ネットの発達で原文を貼り付ければ綺麗なロシア語で聴くことができるサイトもある。韻を踏んで軽やかに響くロシア語を聞けば、わからないロシアがいくらかでも身近になるのではと期待している。

二〇二三年五月　　　　著　者

目次

第2章

ソ連とロシア　～目は遠くを知恵はもっと先を……27

第3章

笑いと涙　～陽気は不幸からの救い……59

第4章

第5章 善人と悪人 ～来ないより遅れるがまし

第6章

第7章

建前と本音 〜心は心にメッセージを伝える…… 195

頭じゃロシアはわからない

——諺《ことわざ》で知るロシア

第1章

〝世界〟と〝平和〟

～好みは各人各様

公共の為に尽くせ、心は満たされる

Служи миру и будешь сыт
スルジー　ミールー　イ　ブージェシ　スイト

ロシアには世界中に知られている不思議な言葉ミール・мирがある。科学に格段強くない人でも宇宙船の名前で記憶にあるだろう。

この単語は世界と平和の二つの意味を持っている不思議な言葉だ。恐らく世界に他に例はないだろう。ロシアの人たちは両方の意味で非常によく使うが、私はこの言葉はプロパガンダ好きのロシアにぴったりのものだと、聞くたびに思わず笑いが込み上げてくる。

冒頭の諺《ことわざ》の中で使われているミールは古いロシアの村落共同体の意味で、公共のため、みんなのために尽くせば心もお腹も満たされるという教えを垂れているのだが、この一つの単語を世界や平和に置き換えても何の違和感もない。宣伝にはまたとない便利な言葉だ。

ロシアが共産主義時代に優位性を宣伝するために使ったのが宇宙開発での成果だった。フルシチヨフ首相がロシアの大地に帰還したガガーリン飛行士を迎える華やかなショーでは、まんまるなフルシチョフの顔が満月のように輝いていた。共産主義国を目指す大国ソ連の誇りは頂点に達して、こんな小話《こばなし》を言う余裕さえ見せた。

ロシア正教のアレクシー総主教がガガーリン飛行士を迎え祝福して尋ねた。「空から神様を見ただろう?」ガガーリンは答えた。「見ませんでした」。別れ際に総主教がガガーリンの耳元で囁《ささや》いた。「見なかったことは内緒にしておくように!」

フルシチョフ首相もガガーリンに同じ質問をした。ガガーリンは答えた。「見ました!」首相がすぐさま命令した。「見たことは口外無用。国家機密だ!」

共産主義は宗教を麻薬だと目の敵にし、共産主義イデオロギーを人類最高の知恵だと人々に説いていた。人々は人類初の快挙にもこんな笑いで共産主義を見る余裕を持っていた。

ロシア生まれの画家シャガールもこの人類の驚きに一枚加わった。「人を宇宙に飛ばしたのは私の方が先だ」と。ただし彼が宇宙に飛ばした人間は宇宙服を着

Служи миру и будешь сыт
スルジー　ミールー　イ　ブージェシ　スイト
公共の為に尽くせ、心は満たされる

けない仲睦まじい男女のペアだ。名画家が発言に加わったのも微笑ましいエピソードだ。

宇宙飛行には音楽家も関わっている。ショスタコーヴィチの曲に作詞家のドマトフスキーが作詞した「祖国は聴いている」をガガーリンが飛行中に口ずさんでいたのだという。〝祖国は聴いている。祖国は知っている。雲の上を祖国の子が飛行しているのを！〟歌詞は〝不撓不屈《ふとうふくつ》でいこう、タヴァーリシチ・同志よ！〟と結んでいる。

人間の宇宙飛行でロシアに先を越されたショックがアメリカを刺激した。その結果アメリカはアポロ計画により人間の月面着陸と地球への帰還を成功させ、宇宙開発競争は激烈になってきた。月面着陸で追い越されたロシアは地球を長期間回り続ける宇宙船の開発に力を入れ、八六年二月にはその宇宙ステーションを成功させた。それにつけた名前が〝ミール・Мир〟だ。〝平和〟と〝世界〟の両方の意味をかけた欲張りな命名で、その欲張りを満足させる言葉がロシアにはあったのだ。その命名の狙いをミールは十分に果たした。宇宙ステーションにはロシア人飛行士だけではなく東欧共産主義陣営、欧米の飛行士も同乗する正に世界的な宇宙研究の場になった。その裏にはロシアの経済的な困難でアメリカからの資金援助が必要だったという事情があったにしても、世界的な協力が実現したことはミールの名前に相応しい成果だ。世界の政治情勢もその協力の味方だった。宇宙ステーション・ミールの打ち上げはロシアに東西冷戦の終結を目指したゴルバチョフ政権が誕生し

На миру и смерть красна

ナ　ミールー　イ　スメールチ　クラスナ

公共の為なら死も美しい

て二年後のこと。期せずして平和と世界の意味を持つ宇宙船の名に相応しい世界情勢が生まれていたという運もついて回っていた。世界の宇宙飛行士百人ほどが搭乗して世界規模の協力を実現させたミールは、老朽化のため二〇〇一年三月南太平洋上で大気圏に突入し十五年間にわたる役割を終えた。

冒頭の諺のミールと同じ意味で使われている別の諺がある。

公共の為なら死も美しい

二〇一五年、新しい宇宙基地の町を、人工衛星の可能性を初めて予言した学者に因んでツィオルコフスキーと命名したのはプーチン大統領だ。新しい宇宙基地が限られた人だけでなく、世界全体の平和に貢献することを願っての命名だ。

その当の人物が二〇二二年二月二四日隣国ウクライナに軍事侵攻を始めた。世界と平和が一体になった素晴らしいロシア語がにわかに力を失い始めている。ミールが以前と同じように二つの意味を持って輝き続けてほしいと願いながら世界の動きを追っている毎日だ。

好みは各人各様

У каждого есть свой вкус

ウ　カージュダヴァ　エスチ　スヴォイ　フクース

ロシアといえば国全体が一つに固まって頑固で厄介な国だという印象を多くの方が持っているだろう。ところが現地で暮らし、人々と接してみるとその印象は実態とは違うことを教えてくれるのがこの諺《ことわざ》だ。日本でいう「蓼《たで》食う虫も好き好き」にあたるだろうが、ロシア語の諺は「人それぞれに好みがある」と素っ気ない表現だ。ウ　カージュダヴァ　エスチ　スヴォイ　フクースと一気に発音する。

ロシアがG８先進国首脳会議に加盟を許され初の会議がサンクトペテルブルクで開催された二〇〇六年七月一五日に、ロシュコフ駐日ロシア大使から鎌倉の別荘でのブランチに招かれた。大使は日本に赴任する前はロシア外務次官として六カ国協議の議長だった大物だ。

ロシア大使館の鎌倉別荘は八幡様から由比ケ浜に向かう途中の小路を入ったところだが、広大な

У каждого есть свой вкус
ウ　カージュダヴァ　エスチ　スヴォイ　フクース

好みは各人各様

庭に洋館がついている。洋館は一九三八年に建てられたもので、ソ連崩壊後の混乱で修理の予算もなく傷みもひどかったが、プーチン大統領の元で懐具合が良くなって予算もつき大修理が終わったばかりだった。庭も大使のアイデアで鯉《こい》の泳ぐ池や白砂の石庭が出来たので、そのお披露目を兼ねてお昼をというのが招待の趣旨だった。

夏一番の暑い日だったが海風はさすがにいくぶん涼しい。昼前に別荘に着くと先客がいた。墨染めの衣のお坊さんだ。お坊さん!? 聞けば、若いお坊さんは庭のお稲荷さんの入魂に来たという。ますますおかしい。大使の説明はこうだった。庭には築山がある。そこを庭師が手入れしていたら朽ちた祠《ほこら》があった。聞いてみるとこれがお稲荷さんという。五穀豊穣《ほうじょう》と豊かな暮らしを守る神様だというではないか。そんな神様をないがしろにしてはならない。宮大工に頼んで小さな銅板葺《ぶ》きの祠を作ったが、魂を入れないと神様が働いてくれないと言うので江ノ島八幡から坊さんに来てもらったのだという。

疑問符がまた増えたが、大使自身が祠を台座に据え付け、野菜に果物に鯛《たい》、それにお米と日本酒二本を供えて、とにかく入魂式が始まった。鎌倉はかんかん照り。お坊さんの読経が始まるとたちまち頭に玉の汗が噴きだした。短いお経を期待したが読経はえんえんと続く。私は逃げ出したい気分だったが、大使も公使も頭を垂れ目を閉じて手を合わせたまま。蟬《せみ》がお経とハモっていた。

半時間の読経が終わってウォッカの昼食が始まり、私は真っ先に大使に尋ねた。こんなことをしてロシア正教の総主教からおしかりを受けるのではないかと。ロシアはなんと言ったって圧倒的にロシア正教の国だ。その国の代表が国費で異教の祠を作り、おまけに坊さんまで呼んで魂まで入れるのはまずいのではないかと考えるのは当然だろう。私の疑問に対してロシュコフ大使はこんなことを言った。「イスラムの国にも勤務したが、私は地球を治めるのは一つの神様ではないように思う。キリストの神もアラーの神も仏も信じていいところがあるように感じる。ある日本の仏教指導者と信仰について話したとき、そんな気持ちを説明して、私はどちらかと言えば無神論者ですと言ったら、『大使こそ本当の仏教徒だ！』と言われたよ。アッハハ。お稲荷さんがあっても誰も文句は言わない。ロシアは多民族、多宗教の国で、憲法も信教の自由を保証しているしね」

好みは各人各様と言っても、ロシアを分かるのは何と難しいことかと思い知らされる諺だ。

知らぬは恥ならず、学ばざるが恥

Не стыдно не знать, стыдно не учиться

ニェ　ストゥィドナ　ニェ　ズナーチ、ストゥィドナ　ニェ　ウチーツァ

この諺《ことわざ》の教えるところも、軽やかに響くロシア語の響きも好きな諺だが、この諺のようには学ばなかったために、ずいぶん悔しい出来事もあった。大学ではロシア語科を卒業したことになっているが、大学に入ってすぐに学生運動の波の影響をもろに受けることになった。日本とアメリカが安全保障条約を結ぶことになり、これに反対する動きが全国に広がり、学生運動も安保反対一色に染まった。大学に行ってみると教壇に立っているのは先生ではなく、活動家の学生がこの条約を結べば日本は戦争に巻き込まれるとアジ演説をして、反対デモに参加するよう煽っていた。反対運動の勢いは学生に冷静な判断を許さないような力があった。ことに私が入ったロシア語科は学生のおそらく半数以上が共産主義に憧れて、人類の明るい未来は共産主義にありと考えてロシア語を学ぼうとしていたと思う。その流れに巻き込まれてノンポリ学生の私もデモにも参加した。勢い勉強はお

Не стыдно не знать, стыдно не учиться
ニェ　ストゥィドナ　ニェ　ズナーチ、ストゥィドナ　ニェ　ウチーツァ

知らぬは恥ならず、学ばざるが恥

ろそかになる。そんな学生生活で追い出されるように卒業してしまった。

後に特派員としてモスクワに赴任し、現地生まれの日本人幼稚園児から「どうして少しだけロシア語がわかるの?」と言われる屈辱も味わった。学ばないのは本当に恥なのだ。現地では優秀な助手の手助けで劣勢を挽回《ばんかい》するため努力をしたが、その成果には限界がある。共産主義下で言論の自由はなく、市民と直接自由に接触する機会のない間は何とかごまかせた。学ばざる恥がもろに露出したのは情報公開を掲げたゴルバチョフが指導者になってからだ。

市民との接触も自由になり、特派員はスパイだと警戒するよう教え込まれていた人たちが一斉に口を開き始めた。私の仕事はにわかに忙しくなった。共産党や外務省など役人たちも頻繁に記者会見を開いて外国人特派員の質問にも答えるようになった。その会見はロシア国営テレビでも伝えられるようになり特派員にとっては働きどきだ。ロシアの記者も同席だが、外国人記者と一緒の会見に出席するロシアのジャーナリストはほとんどが有名人で多くは共産党の中でも高い地位の人たちだ。彼らの質問を聞いていると、ゴルバチョフの情報公開の方針に則って一見当局に批判的にも聞こえる内容になっているが、結局は共産党政権がこれ

までやってきたことを持ち上げるヨイショ質問になっていた。そこで体制の違う外国人ジャーナリストが当局におもねらない質問をする意味が出てくる。私も毎回入念に準備し、有能なロシア人助手と想定問答を繰り返し会見に臨んだものだ。そんな時に痛感するのがロシア語力の不足だった。

ロシアの国語教育は読み書きが徹底しているだけでなく、きちんとした表現で話をする訓練が基本になっている。その基本は美しいロシア語の基本を築いたプーシキンの作品を暗唱することから始まる。まず見本となる文章の基本を暗唱し、次の段階でそれを応用して自分の言いたいことを表現する。その結果ロシア人が集会などでマイクの前に立った時、ポケットから書いたものを取り出し棒読みするということはない。日本ではどこでも、堅苦しい集まりであればあるほど「読み上げ」方式が徹底しているが、これを見てロシア人たちは「日本人をやっている」と嬉しそうに言う。それは国語教育の重点の違いだ。教育が模範となる文章の暗唱にあることが記者会見では私たちに厄介な問題になる。共産党の政策に厳しい質問が出ると、先方がプーシキンの詩の一節などを引用して答えるといったことがしばしばあった。こちらは素養がないから反論も追加質問もできない。苦笑いして引き下がるより仕方がないという場面に何回出くわしたことか。

この軽やかに響く諺は安保騒動を言い訳に学ばなかった私に、特派員時代の悔しさをほろ苦く思い起こさせる重みを持っている。別の諺がいう。

Век живи век учись
ヴェク　ジヴィー　ヴェク　ウチーシ

長生きして命の限り学べ

長生きして命の限り学べ

この諺どおり学ぶことの大切さは老人と呼ばれる齢になっても身に沁みて感じるが、学ぶには体力気力が要る。若い人たちに期待するメッセージとしよう。

習慣は第二の天性

Привычка вторая натура
プリヴィチカ　フタラーヤ　ナトゥーラ

ロシア人が日本で撮った写真のコンクールが開催された。京都の街を歩く芸妓《げいぎ》、満開の桜の下で酒盛りをする人たち、そんな中で一枚の写真が話題になった。ラッシュアワーの新宿駅のプラットホームの全景を線路越しに撮った作品。日本人の目からすれば一見何の変哲もなく面白くもない風景だが、なぜこれがロシア人の興味を引くのかとよく見ると、プラットホームを埋めた乗客がきちんと整列し混乱していない。ロシアの人たちから見ると何とも不思議な光景だろう。それで電車が遅れるわけでもなければ、乗客同士の小競り合いが起こるわけでもない。もしロシアであったらこのシーンは見られないというのがこの一枚を撮影したロシア人の気持ちだろう。ロシアならずとも他の大多数の国々でもまず見られない。

新宿駅を利用する乗客の数は半端ではない。二〇二一年には一日三五三万人が乗り降りし、日本一どころか、かのギネスブックもダントツ世界一だと認定している。ロシア第二の大都市サンクトペテルブルクの人口が五〇〇万余りだから、大抵のことには驚かないロシア人も新宿の駅の状況にはびっくりしてのショットなのだ。

この写真はコロナ騒ぎが起こる前の撮影らしく、プラットホームを整然と埋めた人たちは誰一人としてマスクをしていない。もしコロナ騒ぎの中の写真だったらホームを埋め尽くした乗客が一人の例外もなくマスクをしていることで驚きは倍増する。おまけにそのマスクが罰則を伴った強制ではなく、予防のためにマスクをして下さいという「お願い」に皆が従っていることがわかったら、ロシアの人たちの驚きは想像を超えて大きいに違いない。着物姿の芸妓でもなく、満開の桜でも相撲でもなく、普通の通勤ラッシュのプラットホームの一枚に撮影者はこんなタイトルを付けるだろう。「習慣は第二の天性」の証明写真。

この諺《ことわざ》はロシア人が他人を評価する時にも、良きにつけ悪しきにつけ自分を表現する時にもよく口にする。

この写真の他にロシア人が日本で見た驚きの写真もネットで紹介されたことがある。ゴミ箱がない街の姿だ。その理由は住宅地でも商業地域でも決められた日に一定の距離を置いてゴミが集められ収集車が手際良く片付けるから通りにゴミ箱は要らないのだと驚きと共に説明している。

Привычка вторая натура
プリヴィチカ　フタラーヤ　ナトゥーラ
習慣は第二の天性

いま例えば東京の通りでゴミ箱を見つけるのは難しい。一方ロシアでは一定の距離を置いて大きなゴミ入れが置かれているが、それでもゴミ入れの周辺を含めてゴミは堂々と通りを飾っている。その姿に慣れっこになったロシア人にしてみると、ゴミ箱もないのにゴミがない街はネットでの紹介に値する恐ろしく新鮮な驚きなのだ。ロシア的な発想を斟酌《しんしゃく》すれば、ゴミを処理するための役所があるではないかということだろう。日本の通りや駅のプラットホームからゴミ箱が姿を消したのは、一九九五年の地下鉄サリン事件がきっかけだが、四半世紀もたってもゴミ箱は戻らず、日本の人たちが何の不平も言わないのはロシア人の目から見ても「習慣は第二の天性」なのだ。

こう書くと秩序があるのが日本でロシアは無秩序の国と受け取られかねないが、ロシアには日本では無視されている秩序がある。初めてロシアに勤務した時アシスタントのインテリ女性にエレベータの前で足を蹴られたことがある。彼女より先に乗り込もうとした時だ。女性を先にという礼儀はきちんと守られて定着した習慣になっているのがロシアだ。一つのことで万事を判断してはならないという教訓だ。

歌あれば事はうまく行く

С《ス》 **песней**《ペースニェイ》 **дело**《ジェーラ》 **спорится**《スパリーツァ》

　ロシアが文化を大切にする国であることは、長くこの国と付き合えば付き合うほど強く感じることだが、歌については文句なくロシアの人たちの日常に染み付いたものだと思う。最近特にこの感じを強くしているのはロシアの人たちが国歌を歌うときの表情と態度だ。

　二〇一八年にロシアがサッカーワールドカップの開催国になり、オープニングの式典が大スタジアムで行われた。一〇万人を収容するスタジアムが埋め尽くされた中、プーチン大統領が登場した。挨拶の後国歌を歌おうと呼びかけ、自らマイクを握って歌い出し、スタジアム全体がそれに呼応した。中継カメラが移動して歌う人たちを映し出したが、子供も大人も身体を振って精一杯の声を張り上げていた。特に印象的だったのは歌う人の顔と目が明らかに歌うのを楽しんでいたことだ。国歌を歌うときは厳粛な気分でというのが普通の国の習慣だろう。ところがこのときの皆の表情は大統領から子供に至るまでまるで大好きなポピュラー音楽を楽しんでいる雰囲気だった。

ロシアでは共産主義ソ連が崩壊してのち十年間、国歌から歌詞が消えていた。共産主義賛美の歌詞が実情に合わなくなってしまったからだ。二〇〇〇年プーチン大統領が登場した年末新しい歌詞が発表された。作詞者は歴史学者のミハルコフ氏。プーチン大統領が作詞を依頼したのだが、ミハルコフ氏は前の共産主義賛美の国歌の作詞者でもある。

日本ではもちろんのこと、世界中でこんな人選はあり得ないと思うが、プーチン大統領はきちんと筋を通していた。共産主義を放棄して国民も国づくりをやり直している。だったら国歌の作詞者にもやり直しの意思を表明してもらおうというわけだ。日本では通用しないだろうが、この発想は筋が通っていると思う。共産主義を放棄したからと言って、国民全体が引退したわけではないのだから、作詞者にだって出直していただこうということだろう。

ついでだがこの作詞者の息子ニキータ・ミハルコフはロシア映画界の大物、映画人協会の会長だ。アカデミー賞の外国語映画賞も受賞した監督だが、共産党員になるのを嫌い、自分で共産党本部に「党員には相応しくない」と、密告の手紙

C песней дело спорится
ス　ペースニェイ　ジェーラ　スパリーツァ
歌あれば事はうまく行く

Беседа дорогу коротает, а песня работу
ベセーダ　ダローグ　カラターエット、ア　ペースニャ　ラボートゥ
語らいは道中を短くし歌は仕事を短くする

Сказка-складка, песня-быль
スカースカ　スクラドカ、ペースニャ　ブィリ
物語は作り事　歌は真実

を書いたという人を食った人物だ。その父親が謹厳実直、真面目を絵に描いたような学者という組み合わせを見ているとロシアは本当に単純には考えられない国だと思う。

話を歌に戻そう。国歌をあるときはスポーツイベントのスタジアムで、またあるときはモスクワの中心・赤の広場で、まるで流行歌を楽しむように自然発生的に歌う人たちを見ると「歌あれば事はうまく行く」という諺《ことわざ》がなるほどと胸に落ちる。

使われている単語〝事〟はジェーラ・делоと言い、仕事から事業、行動や任務、知識や記録さらには事件や戦闘の意味にも使われる恐ろしく幅の広い意味を持った単語だ。恐らくロシア語の中で最も幅広く使われている単語だろう。言うなれば〝あらゆる事が上手く行く〟と解釈できるわけで、ロシアでは歌がそれだけの重みを持っているという諺だ。

歌にまつわる諺にはこんなものもある。

語らいは道中を短くし歌は仕事を短くする

歌は仕事まで軽くしてくれるというわけで、うたごえ運動がロシアで盛んになった背景もわかるし、広大な国土を行く人々の気持ちも素直に伝わってくる。

歌にまつわるものを探す中で不思議な諺が目についた。

物語は作り事　歌は真実

ロシアは先の二つの諺からもわかるように歌が大好きだが、同時にこの国は文学大国でもある。ロシア語を磨き上げたプーシキンから、トルストイ、ドストエフスキー、ツルゲーネフにゴーリキーと世界の文学の中で重要な作品を残した作家も少なくない。それらの人たちの大作を前に、作り事とはあまりにも軽く見る言い方だと不思議に思う。そのことをロシアの友人に話したら、この諺は文学作品を軽く見るところに力点はなく、ロシアで歌が持っている重みを強調するために使われているという。その説明によれば、作り事と訳されている単語は「組み立てられたもの」を意味する言葉で、場合によっては嘘《うそ》を連想させるような言葉「作り事」と言ってしまうのは極端すぎるという。しかし物語は頭で練られて作られるが、歌は心のそこから湧き出るものだという諺に使われて、歌に寄せるロシアの人々の心情を見事に伝えていることを考えると「作り事」も悪い気はしないだろうと思う。

地球は人類のゆりかご、だが人類はゆりかごに留まるな

Планета есть колыбель разума, но нельзя вечно жить в колыбели

プラネータ　イェスチ　カルィベーリ　ラーズマ、ノ　ニェリジャ　ヴェーチナ　ジーチ　ヴ　カルィベーリ

日本人宇宙飛行士が地球を回る国際宇宙船に船長として乗り込んだといったニュースにも別段驚かなくなっているが、一九五七年一〇月四日ロシアが地球を回る最初の人工衛星を打ち上げた時には世界が仰天した。高校三年生だった私はその日に大学でロシア語を学ぼうと決めたくらい大きな衝撃だった。地球の道連れ・スプートニクと名付けられた重さ八〇キロほどの物体で私の進路も決まったのは大した話ではないが、世界の科学者にとってはとんでもなく大きな刺激になり、世界中が宇宙開発にしのぎを削るようになったのだから表題の言葉の重みは大きい。未来を予言した名言で、諺《ことわざ》の範疇《はんちゅう》からははみ出るかもしれないが、諺の道連れ・スプートニクとして仲間入りを許していただこう。

この予言は人類初の人工衛星打ち上げより半世紀も前にロシアの物理学者コンスタンチン・ツィ

Планета есть колыбель разума,
но нельзя вечно жить в колыбели
プラネータ　イェスチ　カルィベーリ　ラーズマ、
ノ　ニェリジャ　ヴェーチナ　ジーチ　ヴ　カルィベーリ

地球は人類のゆりかご、
だが人類はゆりかごに留まるな

オルコフスキーが言ったものだ。いまでは宇宙物理学者、数学者などの肩書きで呼ばれるが彼は小学校も出ていない。モスクワの東に隣接するカルーガ州の田舎の出身で、幼年時代に病気で聴力を失ったが独力で数学物理を学び、噴射ロケットで地球を飛び出し地球を回ることができることを一九〇三年に論文で発表した。ロシアはまだ帝政時代、日本は明治三六年、ロシアとの関係ではロシアが満州に進出し日本との緊張が高まっていた頃だ。宇宙の規模とは大きく違うがこの年にアメリカのライト兄弟が最初の動力飛行に成功している。人間が空に向かっていた時代だ。

ツィオルコフスキーの論文はロシアでもすぐに評価されたわけではない。おそらく学歴の問題もあったのだろう。彼の業績が評価されるようになったのはロシア革命で共産党政権ができてからだ。レーニン率いる共産党は新しいものを求める中でツィオルコフスキーの夢と理論に注目して研究に力を入れ、ツィオルコフスキーも科学アカデミー会員に選ばれる。

ロシアでは科学アカデミー会員は学者の最高の栄誉で、アカデミー会員に呼びかけるときには博士や教授の称号よりも先にアカデミク（アカデミー会員）をつけることになっている。日本の学術会議のポストとは別物だ。宇宙開発が純粋に科学的な狙いだったのか軍事的な思惑が主だったのかは分からないが、人類の将来は共産主義にあると標榜していたレーニンのソ連はツィオルコフスキーの理論の実現を目指し宇宙開発に力を入れた。そして一九五七年、ツィオルコフスキー生誕百年に合わせてスプートニクを打ち上げた。それ以降、ツィオルコフスキーの予言通り人類は月に飛び宇宙ステーションで世界の科学者がさまざまな研究を行うに至った。一般の人たちでも地球を回るステーションの旅が楽しめる具体的なプランも進行中だ。

ついでながらコロナウイルス騒ぎでロシアは世界に先駆けて二〇二〇年八月にワクチンを開発し、スプートニクVと命名した。ロシアの意図は六十四年前と同じく世界にセンセーションを巻き起こしてVサインをしようというところだったが、目に見えないウイルスが相手では柳の下に二匹目のドジョウは摑めなかった。もしロシアでワクチンの効果が実証されて感染者が劇的に減っていたら人類への貢献は宇宙開発以上のものになり、後世に語り継がれる偉業になっただろう。現実にはロシアでの感染はヨーロッパの他の国同様に多発していて、プーチン大統領自身がメーデーを挟んだ春の十日間ほどの飛び石連休中に人々が公共交通機関を使って郊外のダーチャ（別荘）へ行き来するのを減らすよう呼びかけなければならないような立場に追い込まれた。

スプートニクVもプーチン政権が世界のナンバーワンを目ざしたものだったが、プーチン大統領は宇宙でも何か企んでいるらしいというのがこれからの話だ。彼の政策はことを急いで失敗したゴルバチョフ大統領を反面教師として慌てずに長期的な視点でことを進めるのが特徴だが、大統領三期目の二〇一五年にシベリアの宇宙開発基地の町をツィオルコフスキー市と命名した。この宇宙開発都市はアムール州の州都ブラゴヴェシチェンスク市の隣りに位置し、宇宙開発に携わる人たちを中心に一一万人ほどが住んでいるが、市は外国人立ち入り禁止だ。共産主義時代には外国人立ち入り禁止の地区はいろいろなところにあって、暗号と数字の組み合わせで秘密都市らしく呼ばれていた。ロシアになってからは外国人立ち入り禁止の町はほとんど姿を消したが、ツィオルコフスキー市は宇宙開発の先達の名前を冠していながら堂々と外国人立ち入り禁止になっている。

ブラゴヴェシチェンスク市はソ連時代にユダヤ人を強制移住させた悲劇の街だが、いまユダヤ人たちはほとんどイスラエルなどに移住し、ユダヤ系住人はごくわずかだ。通りを歩いてみると目につくのは中国人だ。その理由は対岸の中国黒河市とブラゴヴェシチェンスク市の間にはヴィザ免除の協定があって両国の人たちが自由に行き来できるからだ。ロシア語で話かけるときちんとロシア語で返事が返ってきて、ほとんどの人が買い物に来たと言っていた。

ブラゴヴェシチェンスクと黒河の間の川幅は七百メートルほど。冬は氷の上を定期バスが走り、雪解けになるとホバークラフト、氷が解けると船で人々は往来しているが、二〇一九年には自動車道路橋が完成し、人の往来はますます活発になっている。人口はブラゴヴェシチェンスク市二二万人、黒河市一七三万人。両市民が自由に往来できるインフラが次々に整備され開放政策が進んでいるのに、その隣に外国人立ち入り禁止の市が存在するのはいかにもアンバランスだ。その町にプーチン大統領は宇宙開発の先達の名前をつけた。大統領の考えていることは一体何だろう。プーチン大統領のやることは後になってからそういうことだったのかと思わせるものが多い。宇宙開発で中国と手を組むことを念頭に置いているだろうくらいの推測はできるが、その先が読めない。彼岸のツィオルコフスキーさんに尋ねたらどんな読みが返ってくるだろう。現地に出かけて考えてみる価値がある場所ではないか。

第2章

ソ連とロシア

~目は遠くを知恵はもっと先を

生きるために働け、働くために生きるな

Работай чтобы жить, не живи чтобы работать

ラボータイ　シュトーブイ　ジーチ、ニェ　ジヴィー　シュトーブイ　ラボータチ

この諺《ことわざ》のいう生きるためとは、自分のために自分らしくという前提がつく言葉。何とも夢のような理想を謳《うた》っているようだが、裏を考えればロシアの働き方の問題点も浮き彫りにする。共産主義時代にロシアで流行った小話がある。「ロシアの女性は世界一力持ちだ。右手に子供、左手に買い物袋をさげ、背中には酔っ払いの亭主を担いでいる」と。何とも大袈裟《おおげさ》なと思われるだろうが当時のロシアの暮らしを体験した私には、まことに切実感のある話だ。

革命で共産主義政権ができて新しい理想的な社会を目指したソ連は、国家建設のために労働力が必要で、女性も男性と同じ労働力とみなされた。結果としてソ連からは専業主婦は姿を消し、女性が単に働くというだけではなく起重機の操縦から建設労働に至るまで男性と同じように働くことになった。そのため子供の養育は国や企業の責任になり、託児所、保育園、幼稚園と子供の世話は食

事から遊び、勉強まで親の手を離れて行われることになった。朝八時から夜七時まで丸一日子供に対する責任が親の手から離れたシステムだ。親子の絆《きずな》を考えた時、いちばん話が弾み家族が温かくなれるのは食事の時だろう。新しい社会の建設に力を入れるあまりに、その良さはどうなるのだろうと気になるが、このシステムが一層強化されたのが第二次世界大戦中だ。働き盛りの男性は戦争のために駆り出され、保育制度が完備していても母親の負担は労働と子供の世話で想像を超えた重圧だったに違いない。

大戦でソ連は二千数百万人の犠牲者を出した。その多くが働き盛りの若者だ。運良く生還した者も酒に溺れ、その結果が酔っ払いの男性を支える戦後の女性の姿を表現する小話になった。その背景をおもんぱかればカラカラと笑うことはできなかった。

戦後の苦労から解放されると思ったのも束の間、ソ連の崩壊で食料品の値段をはじめ国家が全てを決める統制経済がガラリと変わり、家計のやりくりも女性の肩に重くのしかかった。お金は国の信用の裏付けがなければならないが、エリツィン政権には致命的にその信用がなかったから、人々は何でも物に替えようとした。商店からはあらゆるものが姿を消した。通貨ルーブルは毎日価値を失って二〇〇〇パーセントを超えるハイパーインフレーションを引き起こした。

女性への負担が引き起こした騒ぎはロシアの将来に影響する深刻な事態を生んだ。女性たちが子

Работай чтобы жить,
не живи чтобы работать
ラボータイ　シュトーブイ　ジーチ、
ニェ　ジヴィー　シュトーブイ　ラボータチ

生きるために働け、働くために生きるな

供を産まなくなったのだ。ソ連崩壊後出生率は年々減り続け、エリツィン政権の最後の一九九九年には、一人の女性が一生の間に何人子供を産むかを示す合計特殊出生率は世界で最少の一・一六人を記録した。将来に絶望した国民の気持ちの表れだったと言えるだろう。

二〇〇〇年にエリツィンに代わって登場したプーチン大統領は思い切った措置に出た。二人目の子供に対しては四五万ルーブルの祝い金を支給することにした。平均給与の七～八カ月分に相当する手当だ。「母親資本制度」とまことに即物的な名称の手当だが、これの効果は絶大で年々出生率は上昇傾向を続けていて二〇一七年には一・八人、世界で一四三位まで上昇した。強いロシアを目指すプーチン政権の実績の一つだ。

ウクライナへの軍事侵攻はせっかくのその功績に水を差してしまうことになるかもしれない。

狩りに行く段になって猟犬に餌をやる

На охоту ехать, собак кормить

ナ　アホートゥ　イェーハチ、　サバーク　カルミーチ

共産主義ソ連が崩壊した当時のロシアは人々がいままで信じていたものがダメだと知って、人の心も経済もガタガタになった。お金は国の信用があるから価値をもっているのだと思い知らされたのがこの時だ。国家の信用がなくなって人々は有り金を叩《はた》いて何でも物に変える行動に出た。まず食料品。それまでは誰も目もくれなかったような物、例えば昆布の缶詰のようなものまで買い漁って食料品店の棚は文字通り空っぽになり、ロシアは飢えるという情報が世界にひろがった。しかし結果を言えばその騒ぎで餓死者が一人でも出たかた言えば、そんな話は全くなかった。それはなぜかというのがこの諺《ことわざ》の話だ。

ロシアの食料品店から品物が消え、それを伝える外国メディアの影響でロシアには各国から支援物資が続々と寄せられた。日本からもインスタントラーメンなどが大量に支援物資として送られて

きた。だがこのラーメンはロシア人の食生活にはなじまず好みにも合わず、援助物資はドルショップと呼ばれる外国人用の食料品店に山と積まれ、ひどく安い値段で売られていた。もしロシアが飢えるほど食べ物に窮しているのならラーメンだって食べたろう。そのことからわかるようにロシアは飢えていなかったのだ。

当時モスクワの街を歩いただけでロシアは飢えないと看破した方がいた。日本経済研究所の金森所長で、騒ぎの最中にモスクワに視察に見えた。半日街を視察した結果の結論は「モスクワは飢えない」。その判断の根拠は犬だった。モスクワには犬を連れて散歩する人がとても多い。公園はもちろんだが、中心部を取り巻く環状道路の内側に並木通りがあり、犬連れの人たちの天国だ。金森さんは街を歩いてそんな場所でたくさんの犬を連れた人々に出会った。小型犬がいないわけではないがモスクワでの犬の主流は大型犬だ。シェパード、シベリアンハスキー、レトリーバー、マウンテンドッグなどだ。中には気品のあるボルゾイなども見かけるが、金森さんの目にはこうした犬が押し並べて毛艶が良く、健康状態から十分餌を与えられ栄養が行き届いていることがはっきり分かったという。大型犬が食べる餌の量は半端ではない。そのことを考えるとモスクワには食料が十分あるという証拠で、人が飢えるような状況ではないという御託宣だ。事実はその通りだった。優れた経済人は通りを歩いただけでこんな分析ができるのかと驚いた体験だった。

На охоту ехать, собак кормить
ナ　アホートゥ　イェーハチ、　サバーク　カルミーチ
狩りに行く段になって猟犬に餌をやる

ロシアの住宅は防寒のため二重窓になっている。窓枠と窓枠の間は二五センチほど離れていて、その空間が食料品の貯蔵場所になっているのが普通で、気温の低いロシア特有の自然の冷蔵庫、冷凍庫というわけだ。ロシアが飢えると外国が騒いでいたとき、ロシアの家では窓枠いっぱいに食料品が詰め込まれていたのだ。

狩りに行く段になってやっと犬に餌をやるという諺は、物事の対応の遅さを笑ったもので日本の「泥棒を捉えて縄をなう」に当たるが、世界でロシアの危機が騒がれたときには、当のロシア人は自分が食べる物も、愛犬に与える餌もちゃっかり確保していたということでロシア人のしぶとさを教えてくれるものだ。

大型犬が圧倒的に多いと言ったが、それもロシア人の心構えなのだという。いざというときに軍用犬、警察犬にも使うためだというのだ。その証拠には犬の教育がある。実務に役立たせるためには躾《しつけ》がしっかりしていなければならない。犬の管理は実に組織だっている。犬の飼育は登録制だが犬種によってきちんとした所属クラブが分かれている。犬の名前にも決まりがある。生まれた年によって名前の頭の文字が決められている。私もゴールデンレトリーバーを飼っていてパンチと呼んでいたが正式名はボクパンチだった。パンチが生まれた一九九三年の犬

名の最初の文字はБ（ローマ字のB）という決まりだったから、息子がつけたパンチの名を残すためにボク（僕）をつけて登録したというわけ。

毎年五月モスクワ郊外の草原でドッグショーが開かれモスクワ中の犬が参集する。サッカー場がいくつも入るような広大な平原に集まって、競技や芸を繰り広げる。犬は犬種のクラブごとに集まるのだが見渡す限り犬が溢《あふ》れている光景は圧巻だ。こう言えば犬同士の鳴き声や喧嘩《けんか》でさぞかし大変だろうと想像されるだろうが、その騒ぎは全くない。犬は例外なく家の中で飼われているから必然的にしつけはしっかりしている。その上、犬はいざというときには徴用されることも想定されて教育を受けていて無闇に吠《ほ》えたり喧嘩をしたりはしない。バスに犬を連れて乗ることも当たり前で、目つきの鋭いシェパードなどと隣り合わせると怖く感じたものだ。我が家のパンチも訓練を受けて育ったから、日本に連れて帰ってきても静かなものだった。「吠えろ・ゴーロス！」と指示しなければ声を出すことはないし、「付け・リャーダム！」と指示すれば飼い主の左側に付きご主人さまより前に出て歩くことはない。ロシアについて日本人が持つイメージはまとまりがなくてんでばらばらというところではないかと思うが、ひどく整然とした部分があることを痛感した体験だ。

この諺は間抜けを笑うものなのだが、どうしてどうしてロシアにはこの諺とは反対に恐ろしく先のことを考える整った面もあることを教えてくれている。

魚は頭から腐る

Рыба《ルイバ》 с《ス》 головы《ガラヴィ》 гниёт《グニョート》

ロシアにこの諺《ことわざ》があることを知ったのは五十年前NHKの特派員としてモスクワに赴任した時。ソ連はそれより前人類初の人工衛星打ち上げを成功させ、原子力発電所を稼働させ、文化の面でもチャイコフスキー国際コンクールを創設して、将来の世界をリードするのは共産主義だと世界にアピールしていた。大多数の国民はその理想を疑わず意気盛んだった。それが厳しい言論統制と虚報に基づくものであったことは、国が崩壊する事態になって国民が思い知ったことだ。

一党独裁の頂点に立って総指揮者を務めていたのがブレジネフ書記長という人物。技術を学んだがその能力は共産党内部の人事操縦で発揮された。冒頭に述べたような数々の世界的な業績を上げたフルシチョフ首相を東京五輪の最中の一九六四年一〇月失脚させて独裁的な権力を固め、以来十八年間、一九八二年暮れに亡くなるまでその権力を手離さなかった。勲章好きで自国だけでなく世界各国から何回も最高勲章をもらい、胸に飾っていた。では国家にはいかなる功績を残したかと問えば、ロシア人でも具体的に言うことは出来ないだろう。ソ連の四年に一度の最大の行事、共産党大会の最後の大会では、老齢で自らは演説することができず、冒頭の挨拶をしただけで後の三時間の大演説はアナウンサーに代読させるという老醜ぶりだった。人事操縦で従順な取り巻きに囲まれ死ぬまで権力にしがみついていた。「魚は頭から腐る」というロシアに根付いた諺が実によく分かるエピソードだ。

三年後に国民の期待を背負って五十四歳のゴルバチョフが登場した。彼はブレジネフ十八年の治世を「停滞の時代」と一言で切って捨てた。自分の言葉で国民に語りかけ、変革を目標に掲げ、言論の自由を標榜し、軍事産業偏重の経済を変えようと訴えた。そのために東西対立の世界の構図を変えなければならないとの訴えは新鮮で国民の期待は盛り上がった。だがそのゴルバチョフのアキレス腱《けん》の弱さが露呈した事件が就任から一年後に起こる。ウクライナのチェルノブイリ原発事故だ。

一九八六年四月、ロシアの人々は爽やかな指導者を迎えてメーデーを迎える準備でウキウキしていた。事故が起こったのはそんな時だが、政府も共産党もメディアも黙したままだ。史上最大の原発爆発の放射能は二日後に千三百キロ離れたスウェーデンで感知され、モスクワに問い合わせが来た。隠し通せないと知って発表をしたのが事故発生から丸二日後の夜九時のニュースの中。アナウ

Рыба с головы гниёт
ルイバ　ス　ガラヴイ　グニョート
魚は頭から腐る

ンサーが顔出しで一分足らず。「原子力発電所で事故があり二人が死亡したが事故は収束に向かっている」というだけ。翌日の共産党機関紙は紙面の片隅に同じ内容の三行のベタ記事だけ。現地では住民全員が町から脱出するため大混乱で、消防士が必死の消火作業を続けていたのに。

情報公開を旗印に掲げて登場したゴルバチョフはどうしたか。一週間、十日たっても沈黙したまま。ようやく十八日後になってテレビに登場したが、事故の詳しい状況を説明するでもなく、核軍縮が必要だと話をすり替えていた。国民がゴルバチョフよお前もか！　と思った瞬間だった。言論の自由、改革への期待は急速にしぼんでいった。人気を落としたゴルバチョフは保守的な勢力と妥協をして保身を図る。その試みは裏目に出て一九九一年、共産党と軍の保守派からクーデターを起こされた。クーデターを主導した副大統領らの計画が杜撰《ずさん》だったことからゴルバチョフは幽閉先から救い出され、よれよれの姿でモスクワに帰ったが、救出を祝う集会にも姿を見せず、信頼は地に落ち、結局それから四カ月後一九九一年一二月最高権力者の地位を追われることになった。

大統領の座を追われてから一カ月後インタビューをした。真っ先になぜ原発事故ですぐに国民に説明しなかったのかと尋ねた。答えに啞然《あぜん》とした。「何も知らされなかったのだ」と言う。後にわかったことだがゴルバチョフは上がってくる情報に疑いを持っていた。彼のもとに報告されていた情報はロシアの原子力発電の生みの親で科学アカデミーの総裁の大ボスが検閲したものだった。事故処理はすべて順調だという報告に疑念を抱いたゴルバチョフは、現地で取材に当たっている記者たちに直接電話をかけ真相を知ろうとした。その中の一人が赤裸々な惨状を話した。その記者をクレムリンに呼び寄せその報告から事実を知るが時すでに遅し。前の腐った政権が築き上げた権力機構は、高邁《こうまい》な理想を掲げる魅力的な最高指導者の登場でもびくともしない堅固なものだったことを証明している。

大国アメリカでもこの諺を思わせる事態が起こっている。二〇二一年一月共和党のトランプ大統領候補に煽られた支持者が議会議事堂に大挙して乱入し、死傷者も出た。アメリカは経済力軍事力を背景に世界に向かって教えを垂れるのが当たり前のようになっている。ロシアの諺はこうも説いている。

Не учи рыбу плавать.

ニェ　ウチー　ルイブー　プラーヴァチ

魚に泳ぎ方を教えるな

魚に泳ぎ方を教えるな

ロシア人は後知恵に強い

Русский человек задним умом крепок

ルースキー　チェロヴェク　ザードニム　ウモム　クレーポック

世界各国にそれぞれの国情や民族の特性を元にした諺《ことわざ》があるが、この諺のように自分の国、自分の民族を主語にしたものにはお目にかからない。人間の持っている普遍性に立脚して諺が出来上がってきたからだろう。ところがこの諺は主語をロシアの人間と明言している極めて珍しいものだ。珍しさに輪をかけているのはロシア人を誉めているのではなく、その反対だという点だ。何か特定の歴史的出来事の後にできたのだろうか、ロシア人も首を傾げる不思議な諺だ。

諺は人に教えを説くものだから知恵という言葉が頻繁に使われるのは世界中どこでも同じだろうが、ロシアの諺の中に現れる知恵で私がなるほどと思うのはロシア人の暮らしの中に生きていると実感できるものだ。

目は遠くを見るが知恵はもっと先を見る

ロシアの大地を感じさせるようなスケールが伝わってくる。遠くを意味するダレコーがリズム良く前段と後段を締めている。ロシア人は現実の世界でも人と人の対話で目線を大切にするのが身についていて、対話の席で目を文書に落として読み上げるなどということは言語道断で失礼とみなされる。失礼だけで収まらず軽く見られてしまう。ロシアの要人が日本の政治家と会談する場面を映像で見ると、そのことがロシア側の目つきにはっきりと現れるのが見て取れる。

ロシア絵画でも目が重要なモチーフになっているが、その大切な目の先にあるもっと大切なものが知恵だというのがとても好きだ。その知恵を書き留めるのも大切だ。

ペンが書き知恵が導く

ロシアが文書の国であることは次の諺の節でも触れるが、文書でも文学作品でも知恵を記録したものだ。そのペンが記録したものを更にその先に活かすのは知恵だという教えは、当たり前と言えば当たり前だが知の奥深さを指摘した良い諺だと思う。この諺は書く・ピーシェットと、導く・ヴォージットのリズムが軽快で、短いながら脳に染み込む力を持っている。

Русский человек задним умом крепок
ルースキー　チェロヴェク　ザードニム　ウモム　クレーポック
ロシア人は後知恵に強い

Видит око далеко, а ум ещё далеко
ヴィージット　オーカ　ダレコー、ア　ウーム　イッショー　ダレコー
目は遠くを見るが知恵はもっと先を見る

Перо пишет, а ум водит
ペロー　ピーシェット、ア　ウーム　ヴォージット
ペンが書き知恵が導く

Ум разумом крепок
ウーム　ラーズマム　クレーポック
知恵は理性によって強し

知恵に関する諺が数多ある中で、興味を引くのが知恵と理性の関係だ。

　知恵は理性によって強し

締めの単語「クレーポック」は冒頭の諺にも使われているが、単に強いだけではなく、賢い、しっかりした、力強い、丈夫な、という意味を持つ最上の褒め言葉だ。この形容詞を顔につけると、知的で見目もよく賢さが滲み出ている顔という最高の褒め言葉になる。いまテレビに連日登場する人の中でどなたがこの表現にピッタリするだろうか。

　馬鹿がぶつぶつ言っている時、賢者は黙っている

Умный молчит когда дурак ворчит
ウームヌイ　マルチート　カグダー　ドラク　ヴァルチート
馬鹿がぶつぶつ言っている時、賢者は黙っている

Умную речь хорошо и слушать
ウームヌイ　レーチ　ハラショー　イ　スルーシャチ
賢い話は聴くも心地よし

Умный спесив не бывает
ウームヌイ　スペシーフ　ニェ　ブィバーエット
賢者は傲慢ならず

Ум хорошо, а два лучще
ウーム　ハラショー、ア　ドゥヴァー　ルーシチェ
1つの知恵より2つがまし

この諺も言い得て妙だが、日頃の体験でいうと自分が誰かの話を「馬鹿なことを言っているな」と感じる時には、確かに自分は発言する気にはなれない。別に自分を賢いとは思っていないが、時には馬鹿のおかげで自分が少しはマシかと感じられることもあるという、なかなか味わいのある諺だ。

賢い話は聴くも心地よし

ひねりも何もない素直な諺だが、本当にその通りだと思う。テレビで識者や政治家、記者などがしゃべっているのを聴く毎日だが、耳を傾けさせるものはそう多くはない。自分が歳を重ねたせいだろうと若い仲間にたずねると、私と同じような感想を持っている人が多くてホッとする。中には

聴くのが心地よくないのでテレビを消すという友人もいる。テレビの視聴率が思わしくないのは、賢いと思える話が少なくなっているからかもしれない。

賢者は傲慢ならず

確かに！　立派な内容の発言を聴いても、傲慢な雰囲気があると素直にうなずけない。

一つの知恵より二つがまし

これも当たり前、素直な教えだ。二人より三人、三人寄れば文殊の知恵というところで、古今東西どこにでも共通の諺だ。

ロシアの知恵を教える諺はいずれも納得のゆくものばかりだ。それだけ知恵がある社会なのに、なぜ事もあろうに自分の民族を名指しで〝後知恵に強い〟などと悪しざまにいう諺があるのだろう。いろいろ調べてみたがはっきりしたことは分からない。ロシアの人たちも首を傾げる。

調べに悩む中でロシア人が自分を笑う小話が流行っていたことがあったのを思い出した。

「悪魔がアメリカ人、イギリス人、ロシア人を捕まえ蟻《あり》も通れない完全密閉の部屋に閉じ込めた。悪魔は三人に砲丸投げの鉄のボールを二個ずつ渡し、二十四時間後に自分を驚かせてみせたら食わずに助けてやると言い渡した。一日後、悪魔が密室にやってきた。アメリカ人は砲丸で手品をやった。悪魔は驚かずアメリカ人を食べた。イギリス人は砲丸でお手玉をやった。悪魔は少しも驚かず食べてしまった。ロシア人は助かった。一つの砲丸を壊してしまい、もう一つはどこかになくしてしまっていたからだ。」

ロシア人は自分たちがどういう存在なのか自分でも確《しか》とわからないと言うのを聞いたことがある。この笑い話はそんなロシア人の気持ちを笑ったものだ。知恵の塊のような諺で自らを名指しで嘲笑うというのは並大抵の知恵ではない。やっぱりロシアは何でもありの不思議な国だ。出所不明の諺で悩まされて出した結論だ。

ペンで書かれたものは斧《おの》でも消せない

Что написано пером того не вырубишь топором

シュトー　ナピーサナ　ペロム　タヴォー　ニェ　ヴィルビシ　タパローム

日本でも役所の仕事には文書は欠かせないが、ロシアで驚いたのはとにかく些細《ささい》なことにでも文書が必要になることだった。ソ連時代のロシアではこの習慣がジャーナリストの活動をひどく不自由なものにしていた。インタビュー一つするのにも電話だけでは済まない。必ず手紙で確認しなければならなかった。確認の返事も手紙やテレックスで来るのを待たなければならない。とてもニュースの仕事に間に合うテンポではない。

国営テレビの幹部がＮＨＫの招待で日本を訪問した時だ。羽田に無事到着したとの東京からの連絡を受け、電話で先方の局長にその旨を伝えた。局長は感謝の言葉に付け加えて、そのことをテレックスで送ってくれと言う。根底に責任逃れがあるのは分かっていて、当のロシア人もこの習慣をブマガトゥボールチェストヴォと呼んで自嘲していた。文字通りには「文書の創造」だが、実態は

Что написано пером того не вырубишь топором
シュトー　ナピーサナ　ペロム　タヴォー　ニェ　ヴィルビシ　タパローム

ペンで書かれたものは斧でも消せない

不必要なお役所文書の作成で、お役所仕事、官僚主義の意味に使われて共産主義社会の否定的な内情を教えてくれた言葉だ。

日本では大事な公文書でも政権や政治指導者の都合で消えることがあるらしいが、ロシアでは文書の保管は妙にしっかりしていて、歴史研究にはまたとない資料になっている。日本の対ロシア感情の元になっている歴史の事実に日本人のシベリア抑留がある。六〇万人もの人たちがシベリア各地に抑留されて食料も十分与えられず厳しい労働に駆り出され、何万人もが故国の土を踏むことなく亡くなった。日本人がロシアを嫌う感情の大元はこれだと言って間違いないだろう。ロシアは何と非人道的なのかと。

ソ連が崩壊して機密だった文書類が漏れ出すようになり、経済混乱のなせる技で中には役所が金で文書閲覧利用を認めることも行われるようになってメディアや研究者に声がかかってきた。そんな文書の中にシベリア抑留関係のものもあった。日本が激しく非難するシベリア抑留について、関東軍参謀の瀬島龍三氏がスターリン首相に、将兵が帰国しても働く場所もないのでロシアに留め働かせて欲しいと要請したとの文書が出てきた。

瀬島氏は十一年間の抑留を経て帰国し、後に伊藤忠商事の社長、会長を務めたが、シベリア抑留については沈黙を守り続けた。第二次世界大戦後のロシアは国の再建のために労働力を必要としていた。ソ連が勤勉な日本人抑留を正当化するために文書を捏造《ねつぞう》し、責任を瀬島氏に押し付けようとしたのかどうか真相はいまだ不明だが、書いたものは斧でも消せないというこの諺《ことわざ》で私が思い浮かべるのはシベリア抑留という悲劇だ。

消せない話で思い出す一枚の歴史的写真がある。世界で初めて地球を回る人工衛星で宇宙を飛んだガガーリン飛行士が無事帰還し盛大な歓迎式典が行われた。出迎えたのは時の権力者フルシチョフ首相。満月のような顔をほころばせてガガーリンの手を握った。世界中の人たちが目にした写真だ。それから七年後フルシチョフ首相は東京オリンピックの最中に政敵によって失脚させられ、この写真からはフルシチョフだけが消されてしまった。

それから十八年経ってフルシチョフを失脚させて権力の頂点に立っていたブレジネフが死に、写真には元どおりフルシチョフが復活した。ロシアは表に出たものだけで判断してはならないことをこの諺通りに教えてくれた出来事だ。

ツバメ一羽では春ならず

Одна ласточка весны не делает

アドナー　ラーストチカ　ヴェスヌイ　ニェ　ジェーラエット

半年間モノクロの冬に閉じ込められるロシアで人々がどれだけ春の訪れを待ちわびるかイメージするのは難しい。ここでロシアというのはロシアの国土の大部分を占める北国ロシアのことだ。首都モスクワでは九月の声を聞くと雨が多くなり雪も舞うようになる。その時期の晴れた日には白樺が一斉に黄金色に輝いて澄んだ青空のもとでは息を呑むような美しい光景が見られ、絵画のテーマになっているが、そんな日は長くは続かない。氷雨が雪に変わり、樹木は葉を落とし色のない冬がやってくる。墨絵のような景色が四月まで続く。そんな気候の中で暮らす人たちにとって木が若葉を覗かせ、そしてついにツバメが姿を見せる日がどれだけ待ち遠しいか。ロシア人の若い友人はその時の気分を、長い間会えなかった恋人が飛んできたような気分だと言った。なるほど浮き立つ気持ちが良くわかる。

だがこの諺《ことわざ》はそんな気持ちになるのを戒める意味のものだ。若芽が覗《のぞ》いてツバメを見たからと言って春がすぐにやってくるわけではないぞと浮き足立つのを戒めているのだ。まだ零下になる日もあるし、雪や霙《みぞれ》の時もある。油断せずに気長に本当の春がやってくるのを待ちなさいという教えだ。

私はこの諺を聞くとゴルバチョフ登場の時のロシアの雰囲気を思い出す。一九八五年三月、おりからモスクワは春がそこまでやってきていた時に、それまでの老人ばかり三代続いた指導者に代わって五十四歳の若々しいゴルバチョフが最高指導者に就任した。年齢も若かったが顔形も太陽のように丸く、何よりも笑顔がよかった。それまで指導者といえば奥の院に閉じこもったままで、人々の前に姿を現すのは五月九日の対独戦勝記念日やメーデーのパレードの際、赤の広場のレーニン廟の上のお立ち台に立って手を振るくらいのものだった。ところがゴルバチョフは市民が待っている広場の脇に車を止めさせ、群衆に近づき人懐っこい笑顔で話し掛けた。民衆にとっては長い厳しい冬の後ようやく春の使者ツバメを見たような気分だったに違いない。それが結果としては生かされず大国ソ連が崩壊し、国もバラバラになり、ロシア国民も塗炭の苦しみを味わうことになったのは歴史の事実だ。

ソ連崩壊の前の年一九九〇年米ソの間でドイツ統一が問題になったとき、ゴルバチョフは当時のベーカー国務長官にソ連がドイツ統一を認める条件にＮＡＴＯ北大西洋条約機構加盟国を東に拡大しないよう要求し、ベーカー長官がそれを了解したというのがロシアの言い分だ、確かにベーカー長官がゴルバチョフにそう約束したという記録は国務省の内部文書に残っていることが明らかになっている。しかし国家間の合意であれば当然双方の公式の文書がなければならない。ところがゴルバチョフは公式の文書に残す詰めをしなかった。その結果ソ連崩壊後ＮＡＴＯにはかつての共産圏諸国が次々に加盟し、二〇二二年のロシアによるウクライナへの軍事侵攻で大戦後軍事同盟に属さなかったフィンランドやスウェーデンがＮＡＴＯに加盟申請し、二〇二三年四月にはフィンランドが正式加盟し、ＮＡＴＯは三十一か国の大同盟になった。

諺でいうように、良い兆しがちょっと見えたからと言って浮かれてはならないという教えを現実の世界が見せてくれた。ゴルバチョフは共産党の中で農業担当が長く、その発想にはどこかのどかで牧歌的なところがあった。人の心に何となく安心感を呼び起こすような雰囲気を持っていた。一方プーチン大統領は大学生になる前に単身諜報《ちょうほう》活動の元締めＫＧＢを訪れＫＧＢに入るにはどうしたらいいかと尋ねたという。プーチン大統領自身が私に話してくれたことだが、この時プーチン少年に会った人物は「ＫＧＢを志望していることは家族にも誰にも一切

Одна ласточка весны не делает

アドナー　ラーストチカ　ヴェスヌイ　ニェ　ジェーラエット

ツバメ１羽では春ならず

口外せず身体を鍛え勉学に励むように」と助言したという。プーチン少年はそれを守り通し諜報員に採用された。言うまでもないことだが公になる身分ではなく、さまざまな職種の中で働くのが表向きの仕事で、外交官として東ドイツ駐在のときソ連が崩壊した。ツバメ一羽が飛んできただけでもう春だと喜んでしまうおおらかな性質の人物とそうでない人物との、対照的な違いだ。

壁に耳あり

У стен уши
ウ スチェン ウーシ

この諺《ことわざ》は日本を含め世界各国で同じ表現で使われているものだが、ロシアに暮らした十二年間は寝ても覚めてもいつも意識していたものだった。その理由は共産主義ソ連が資本主義国からの記者はスパイだと決めつけていたからだ。文字通り二十四時間ロシアの人たちからはその目線で見られていた。

特派員の活動にはロシア人の助手が欠かせない。もし記者がロシア語を母語同様に使えるとしても、様々な連絡や取材のアレンジ、資料の収集など助手の仕事は極めて重要だ。助手の能力に特派員の仕事の出来不出来が直結しているのだが、ソ連が崩壊するまではその助手を勝手に雇うことは出来なかった。外務省の下部機関の外国人世話部に書類で申請し、派遣されて来る人物を雇うという仕組みだった。

助手たちは概ねよく訓練されアシスタントしての役割を果たし、勤務時間を超えた仕事にも協力してくれたが、月に一回金曜日にどうしても超過勤務を拒否することがあった。後でわかったことだがその日は各国報道機関の支局で働いている助手たちが招集され、特派員の仕事から私生活に至るまでの言動について報告することになっていたのだという。その報告の仕方で助手たちは職務をどれだけ忠実に遂行していたかを判断されるから、勢い報告の内容は雇い主に厳しい内容になるのは仕方がなかったろう。中には関係がよくない雇主を貶《おとし》めるための捏造《ねつぞう》報告もあったかもしれない。

証拠はないのだが、助手たちが壁の耳を果たした結果ではないかと推測できる出来事が何年かに一回くらいの割合で起こっていた。特派員の突然の異動命令による帰国だ。日本の報道各社にはそれぞれ特派員の異動の時期がおおむね決まっているが、その時期を外れて「臨時の人事異動」になり慌ただしく日本に帰るという出来事だ。送別会もそこそこ、引っ越し荷物をまとめる余裕もないせわしさで、本人は本社で新しいポストができたための異動だといった説明をしたが、そうして帰国した人はその後目立った活動もせず一線から消えていった。助手たちのひそひそ話を聴くと、当人の〝違法行為〟についてロシア外務省から日本の外務省に通報があり、それを受けた日本の本社は醜聞を恐れて異動の形にして帰国させたのだという。

ひそひそにせよ私たちの耳に入るということは特派員の活動についてのあからさまな警告だったろう。「壁の耳は生きている」というところだ。アメリカやヨーロッパのメディアの場合、同じこ

У стен уши

ウ　スチェン　ウーシ

壁に耳あり

とが起こっても内々に異動させることはない。明確に追放であることを明らかにして、同じようにロシアの特派員を追放するといった報復措置を取った。日本の報道機関は醜聞を嫌い体面を守る。

外交官の活動では壁の耳は露骨に働いていた。日本大使館の中には壁の耳防止の特別な部屋があり、重要な話はこの中でするのだという。見せてもらったことはないが、大使館員の話では中に入ってしばらくすると息苦しくなるようなところだそうだ。大使館は盗聴対策のために定期的に日本から防諜《ぼうちょう》専門家を呼び点検していた。私の在任中にも二人の専門家がやってきて公使邸の寝室で「耳装置」を発見した。除去作業が終わって公使は大使館員とともに二人の労をねぎらって夕食会をした。その夜防諜専門家の二人だけが激しい腹痛に襲われた。大使館は二人を急遽一番早いヘルシンキ経由の便で帰国させた。食事のサービスをしたロシア人の女性雇員が翌日から出勤しなくなった。私たちの助手と同じく外務省外国人世話部経由の雇員だが、その後手当てを払おうとしても一切連絡がつかなかったという。

モスクワのアメリカ大使館が新館全部を使わなくなった例もある。アメリカ大使館は各国大使館の中でも立派な建物だが、手狭になり、長い準備期間をかけて近くに土地を確保し新館の建設をした。ほぼ完成という段階でアメリカ側が調査したところ、建物全体が巧妙な盗聴設備に包まれていた。その〝耳〟は建物一部を壊してすむようなものではなく建物全体が耳になっていたとのことで、結局新館は使われないままになっていた。ソ連崩壊直後のことだった。新館の建設をしたのがロシアの建設会社ではないから、どうやって建物全体が耳になるような大掛かりな工作が出来たのだろうと不思議に思うが、この事件は外交戦で壁の耳がいかに重視されていたかを物語る出来事だ。

自分の頭より高くは跳べない

Выше головы не прыгнешь.
ヴイシェ　ガラヴイ　ニェ　プルィグニェシ

人間の限界を示す諺《ことわざ》でよく使われるが、スポーツの世界で次々に記録が更新されているのを見ると、スポーツマンはこの諺に絶え間なく挑戦し続けているようだ。この諺ですぐ私の頭に浮かぶのはウクライナ・ドネツクの煉瓦《れんが》造りの高級アパートだ。

ロシアがウクライナに軍事侵攻を始めて真っ先にターゲットになったのが世界有数の炭鉱の町でロシア系住民が多いドネツクだ。連日この街の破壊の惨状が報道されているが、炭鉱の町というイメージとは異なってマロニエの大木の並木の美しい市街で、その中心にある小高い丘の上にそのアパートはあった。私が知っているのは十三階までだ。その理由は棒高跳びのセルゲイ・ブブカがそこに住んでいたからだ。

ブブカの登場はゴルバチョフがソ連の指導者になったのとほぼ一緒だ。一九八五年三月ゴルバチ

Выше головы не прыгнешь.

ヴイシェ　ガラヴイ　ニェ　プルィグニェシ

自分の頭より高くは跳べない

ヨフがソ連の最高指導者に選ばれ、ブブカはその二カ月後に人類初の六メートルを飛んだ。世界は彼を鳥人と呼んだ。その後も彼は世界記録を更新し続け、鳥人は超人にもなった。彼が飛んでいる映像を見ると、相当に余裕を持っているように感じた。会いに出かけたのは二年後の一九八七年五月、ウクライナ北部の原子力発電所が爆発事故を引き起こしてからちょうど一年後のことだ。マロニエの花が満開だった。

初っ端になぜ十三階に住んでいるのか尋ねた。彼は縁起がいいからという。十三は世界で忌み嫌われる数字だが、彼が部屋を選ぶ直前二回にわたって一三日に世界記録を更新したのだという。ソ連の住宅事情を考えるとずいぶん立派というより贅沢な住居だ。どんな人たちが住んでいるのかと尋ねたのに対して「普通の人」だという。私たちを迎えてお茶のサービスをしてくれていたお婆さんがこれを聞いて大きな声を上げた。「セリョージャ！　バカなこと言うんじゃないよ！　普通の人が住めるわけないだろう！」。この一言で雰囲気は打ち解けたものになった。「いや、ま～共産党の偉いさんとかバレエのプリマとか……」と急に前言を翻すブブカ。彼はお婆さん子だったのだ。

彼はモスクワ中心のソ連の体制の中で才能を伸ばし、彼の暮らし向きも外国での競技参加もそのシステムの中で決められてきた。彼の当時の月収はキエフ大学講師としての手当のほか、優秀なスポーツマンへの特別食費手当などを入れて月一〇〇〇ルーブル。当時の医者の平均月収が二〇〇ルーブルほどだったから相当な優遇だ。家賃は二〇ルーブルだけ。彼は共産主義ソ連のそんな恩恵を受けて世界の鳥人になった。だがブブカは不満だった。「ゴルバチョフは新しい政策で能力に応じた報酬をと言っている。世界の大会で優勝すればそれなりの報奨金が出ているのに、実際には自分には入ってこない。ゴルバチョフは口だけだ！」と厳しい批判をした。ゴルバチョフ登場一年後のチェルノブイリ原子力発電所事故の処理のまずさも、ウクライナの人たちにはわだかまりになっていたのだろう。著名人がゴルバチョフを名指しで批判するのを聞いたのは初めてだった。

彼に会ってから四年後ゴルバチョフは側近たちによるクーデター事件を起こされ失脚し、ソ連は崩壊してブブカも外国ウクライナ国籍になった。国籍は変わっても超人は記録を更新し続け、九四年に作った六メートル一四センチの世界記録が破られたのは二〇二〇年になってからだ。三十五年にもわたって世界記録保持者だったブブカは文字通り鳥人・超人と言えるだろう。ブブカはいまウクライナ五輪委員会会長で国際五輪委員会の理事の要職にある。もし彼の十三階の高級住宅が砲撃を免れていたら、そこで彼に尋ねたいと思う。「ここにはいまどういう人が住んでいるのですか？」と。

第3章

笑いと涙

～陽気は不幸からの救い

良い言葉は猫にも気持ちよい

Доброе слово и кошке приятно
ドーブロエ　スローヴァ　イ　コーシュケ　プリヤートナ

日本で猫の手も借りたいくらいという表現は、猫が役に立たないものと言っているのだが、ロシアでは意外や意外大変役に立っているものだというのがこれからの話。モスクワに赴任し、割り当てられた住まいは外国人専用アパート。ドイツ人の戦争捕虜が建築したものだそうで石造りのとても頑丈で立派な七階建て。天井は高く、リビング一部屋に、東京で住んでいた二ＤＫの社宅の玄関から風呂までがすっぽり入るくらいの広さがあった。リビングの他にダイニングキッチンと寝室にベランダ付きでなんとも贅沢な造りだった。日本からの船便の荷物も着いて落ち着いたとき、ロシア人女性の助手が黒の子猫をプレゼントしてくれた。子猫はどんなものでも可愛いものだが、この猫はなんとも不細工だった。だが、彼女はきっと役に立つからと意味ありげに微笑んで、子猫は我が家の一員になった。

Доброе слово и кошке приятно

ドーブロエ　スローヴァ　イ　コーシュケ　プリヤートナ

良い言葉は猫にも気持ちよい

役に立つという意味はすぐにわかった。ネズミが出るのだ。台所の角には開閉の出来る三〇センチ四方くらいのダクトが開いていて、ゴミは食べ残しなども含めてこの穴に放り込んで捨てるというおおらかな仕組みになっていた。食べ残しが捨てられる穴ということでこのダクトがネズミにとっては至極居心地がいいことは想像できるだろう。おまけに集中暖房だから極寒の時期でも凍えることはない。かくして我が家のアパートにもネズミがしばしば現れたがこれが猫の良い遊び相手兼餌食になった。ネズミのイメージはすばしっこいというのが通り相場だが、我が家に現れたものはいずれも動作がそのイメージとは程遠く動きは緩慢、体型も小ぶりで、猫にいじめられるにはぴったりだった。猫はそのネズミを捕まえた後は誇らしげに私たちに見せに来た。諺《ことわざ》通り褒め言葉を催促しているような風情が笑わせた。

二回目にロシア勤務になった時には同じ建物の別の部屋に住むことになったがここでも二匹の猫と暮らした。黒猫の名前はチュータ、白猫はワンタと息子が名前をつけた。猫にチュータは異様だが、息子には猫とネズミは一緒にいるものという連想だったらしい。そのくらいネズミは常連だった。チュータは獲物を捕まえると見せに来るのが習慣になっていたが、毛の長い真っ白な猫のワンタはなにやら気位が高いような振る舞いで、ネズミを見せに来ることはなかった。そもそもネズミを捕まえたことがあるか疑わしいくらいで、飼い主に甘えることもなくエピソードのない猫だった。ワンタは例外で他の猫は私たちのモスクワでの暮らしに大いに役に立ってくれた。

チュータもワンタも事故などで死んで私たちが近くの公園のライラックの木の下に埋葬した。それから十五年も経って一家でモスクワにセンチメンタルジャーニーをした際に埋葬場所を探したが、公園の樹木は様子が変わっていて墓の位置を正確に見つけることはできなかった。だがロシア猫との暮らしの話を孫たちはまるで昔話を聞くように笑ってくれた。

ロシアが国の宝と誇るのが数々の国立美術館で、中でもサンクトペテルブルクのエルミタージュ美術館は世界三大美術館としてロシア人の自慢の種だ。十八世紀後半実力者の女帝エカチェリーナ二世がネヴァ川沿いの広大な宮殿の一角に自らが収集した西洋絵画を中心に展示し、隠れ家（エルミタージュ）美術館と名づけたのがその始まりだ。開館当時の展示品は千数百点だったというが、いまは絵画だけではなく、彫刻から工芸品、ロシアの歴史を彩った様々な調度品など、その所蔵する宝物は三百万点以上にのぼるという。

ロシアの他の大美術館は概ね新しく改築され、空調など展示品を守るにふさわしい近代設備を備えているが、エルミタージュ美術館は建物自体が世界遺産で新築はおろか改築もままならない。その結果として美術品の保護にも当然ながら困難が伴う。その中で一役買っているのが猫なのだ。

エルミタージュ美術館には五〇匹以上の猫が飼われていて、猫専門の担当官が三人の職員を従えて猫の面倒をみている。一度だけだが私も猫が展示室の中を堂々と歩いているのを見たことがある。猫担当相職員の詰所は地下室で、そこでは猫がネズミを狙いたくなる程度の空腹状態を保ち、活発にネズミ退治ができるように健康管理をするのが役目だ。ささやかな猫診療所とキッチンまでついている。ロシア誇りの美術館で猫担当官はテレビ局のヒマネタの格好の取材対象で、「我々は展示品以上に有名だ」などと言ってサービスをしている。美術館勤務の猫が美術品の敵の憎きネズミを実際に捕まえている映像は見たことはないが、その仕事が廃止にならないところを見ると間違いなく実績があるに違いない。

猫は東洋では十二支にも入れてもらえないでいるが、ロシアでの体験を考えれば猫は人類の文化遺産の保護に途方もなく大きな役割を果たしているのではないか。多くの人はそこに気づいていないかも知れないが、古代エジプトの発掘品の中で猫が丁重に扱われているのをみると、現代人は大きなことを見落としているのだろう。私のこの言葉を猫さまに聞いて喜んでいただきたいものだ。

陽気は不幸からの救い

Веселье-от беда спасение
ヴェセーリエ　アト　ベダー　スパセーニエ

日本でサーカスといえばお祭りの時などに臨時のテント張りの小屋の見せ物といった印象を受けるが、ロシアではサーカスが立派な芸術文化の一分野になっている。常設のサーカス劇場は二〇〇〇人もの観客を収容できる立派な建物で、モスクワには新旧二つの大サーカス劇場が年間を通じて人気を集めている。地方に出かけても主な都市には例外なく常設サーカスがあって、子供だけでなく大人にとっても楽しみな場所になっている。大人にとってもというところに、陽気は不幸からの救い、という諺《ことわざ》の裏づけがある。

ロシアの冬は長い。首都モスクワでも冬に夜が明けるのは十時、午後二時を過ぎればもう太陽は隠れてしまう。暗い夜が長く、おまけに七十年も続いた共産党独裁政権の元では言論は不自由で腹ふくるるワザの世界だった。サーカスといえば動物の芸やサーカス芸人の見事なパフォーマンスが観客を興奮させ喜ばせるのはもちろんだが、ロシアのサーカスに大人までがのめり込むのは、なんと言ってもピエロの果たす役割だ。私がモスクワで住んでいたアパートはサーカス劇場のすぐそば、子供連れだけでなくいい大人が連日集まってくるのを不思議に思って出かけ、人気の秘密がピエロにあることを知った。ピエロはおかしな化粧におかしな衣装で動物や人の出し物の合間に登場するのはご存知の通りだが、観客が笑い転げるのがその芸だ。言葉ではなく体の動きだけで観客を沸かせるのだから並の芸ではない。名ピエロは国家から人民芸術家、日本風に言えば人間国宝の称号を授与される立派な芸術家だ。

この笑いは日本に知って貰《もら》わねばと番組を取材した時のサーカスの団長がピエロのニクーリンだった。モスクワの二つの大サーカス劇場のうち、なんと言っても人気があるのはクレムリン宮殿にも近い古いサーカス、その大きな理由がピエロのニクーリンの存在だった。サーカスの明るい笑いがロシアでどれだけ大きな役割を果たしているかを紹介するテレビ特集番組を作ったのをきっかけに、人民芸術家の称号を持ちピエロにしてサーカス劇場の総裁というニクーリンと家族ぐるみの付き合いが始まった。

ゴルバチョフの名前は知らなくてもニクーリンを知らない者はいないと言われる人気者だった。若い頃は映画俳優を目指したが、オーディションで審査員に「君の顔は俳優には向かない」と言わ

Веселье-от беда спасение

ヴェセーリエ　アト　ベダー　スパセーニエ

陽気は不幸からの救い

れサーカスに入ったと陽気に話した。確かに鼻がとてもどっしりと大きく美男子とはほど遠い風貌だが、その話をする時の彼の表情は人を和ませるオーラがあった。大きな靴につばの広い帽子姿で彼が登場するだけで劇場中が幸せを感じさせる笑いに包まれた。

ニクーリンとの付き合いが始まって私は外国人アパートの警備の警察官から特別な扱いを受けることになった。ある日彼が贈り物があるから届けると連絡してきた。アパートの入り口で待つとニクーリンが自分で車を運転してきて入り口に止め、ダンボールの箱をとりだした。外国人用のアパートの入り口には警察官の詰所があり二十四時間警備に当たっている。箱を抱えて入り口に近づく人物に気付き警察官が詰所から出てきた。誰何《すいか》しようとして顔を見た。途端に警察官は直立し最敬礼をした。これを見てニクーリンはお馴染みの親しみのある笑顔で警察官を労った。このことがあってから詰所の警察官は私にも同じ挨拶をするようになった。ロシアで最も親しまれ愛されている人間国宝が自分で荷物を持って会いに来る私は、只者ではないと思ったのだろう。私が胸を張り、警察官の敬礼に対して笑顔を返す様子をアパート住人の外国人たちは不思議がったものだ。

古いサーカスは一九七一年に建てられたものでソ連崩壊の直前に建て替えが決まり、フィンランドの建築会社が工事を請負った。この時国内では外国に建設を発注するのは愛国的ではないと批判が起こったが、新劇場はゴルバチョフ政権の最後の年に完成した。こけら落とし公演にはゴルバチョフ夫人のライサさんも出席した。ニクーリンがアレーナで彼の作ったピエロの歌を披露してあいさつした。

「外国の会社に建ててもらってずいぶん評判が悪かった。でももしロシアの会社に発注していたら、一〇〇年後でも皆さんにこのサーカスで会うことはできなかったでしょう！」満場の観客は笑いと拍手とブラヴォーでニクーリンの開幕公演を楽しんだ。ライサ夫人も大笑いで拍手していた。ゴルバチョフの改革政策で大人も子供もオープンに自由を味わう社会になったことをしみじみと感じさせた。

ニクーリンは筆も立ち多くの本を書いているが、そのうちの傑作は『ほとんどまじめに』というタイトル。笑いでロシアの人々の気持ちを和らげたニクーリンはいまモスクワ郊外ノヴォジェーヴィチ修道院の墓地に眠っている。大統領や書記長といった政治家から大オペラ歌手、作家など歴史に名を残した有名人のそばに、ピエロの服装そのまま等身大で愛犬ダンと座って話している。私はモスクワに行けば必ず訪れるが彼の前には一年中花が絶えることがない。諺にいう陽気の力をふりまいている墓だ。

理由のない笑いはバカの印

Смех без причины-признак дурачины
スメフ　ベズ　プリチーヌイ　プリーズナク ドゥラチーヌイ

私たち日本人の中にロシア人は笑わない人たちだと思っている人たちが多いが、現地で暮らしてみると大方のロシア人はその印象とは全く逆だ。確かに日本から国際会議などでロシアにやってきた人たちが、ロシア人は笑わないしユーモアも少ないと感じてしまうのも無理はないと思うが、普通の暮らしの中では笑いがとても大切にされている。笑いの矛先は窮屈な政治制度や生活の苦しさなど深刻な問題に向けられる。

ロシア人がロシアを笑う小話で気を許した仲間たちが笑い合うのがこの諺のいうところだ。笑いの理由がきちんとあるからバカではないというわけだ。

共産党指導者が誘拐された。犯人からクレムリンに電話がかかってきた。

Смех без причины-признак дурачины
スメフ　ベズ　プリチーヌイ　プリーズナク ドゥラチーヌイ
理由のない笑いはバカの印

犯人が要求する身代金の額は途方もなく大きかった。要求に戸惑っている役人に犯人が怒鳴った。早く金を出せ、出さないと生かして帰すぞ！

こんな笑いの種は本当にたくさんあって、共産主義時代のロシアの実情を伝えるリポートの枕に使うのにぴったりだった。それをまとめて本にしたら開高健さんが「笑いは弱者の最後の武器である。苦し紛れに発する閃光《せんこう》の英知だ」と評価してくれて、ずいぶん読まれた本になった。

共産主義政権の時代には仲間が笑い合うのには信頼関係が必要だった。信頼関係がなければ笑いがもとで身の危険もあったかもしれない社会だった。ロシア人が初対面の人の前で日本人のようにニコニコ笑顔を見せることが少ないのは、政治ジョークの持つ危険や社会の暗さからくるものと思われるかもしれないが、実は意味のない笑いを戒めているのだ。

二〇二二年ウクライナに戦争を仕掛けたプーチン政権下では、共産主義政権の時代ほどではないにしても、人々がおおっぴらにクレムリンを批判するのは憚《はばか》られる状況が生まれているかも知れない。開戦から一年余りで万を越す犠牲者が出ているらしいのに、戦争の名称は使われず、特殊作戦だとされているのがその証

Одним ударом убить двух зайцев
アドニム　ウダーラム　ウビーチ　ドゥブッフ　ザイツェフ
一撃で二羽のウサギを仕留める

拠だ。言論の自由がなかった時代に政治を嘲笑するジョークで一冊の本ができたほどの国民性の国だから、相当に厳しい批判と皮肉の笑いのネタがひろがっているに違いないと思うのだが、いま私のところにはその片鱗《へんりん》も伝わってこない。やはり現地に暮らして心を割った付き合いをしていないと、本音で語る人々の言葉を知ることはできないのか。あるいは小話にして笑うにはあまりにも深刻な事態だという証明かも知れない。

世界の民族は初対面の人にもにこやかに笑みを浮かべる習慣があるものと、そうしない民族の二つに大きく分かれるそうだが、愛想のいい国の代表が日本で、その反対の代表的な国がフランスだという。私たち日本人は会ってもニコリともしない外国人に出くわすとなんともとっつき難いという印象を持つのが普通だと思うが、愛想の良さが阿呆《あほう》な証拠と言われる風土で育った人たちにとっては、それが決して親愛の情を持っていない証拠とはならないことを、外国の人たちと接するときに心得ておくべきだ。

ロシアの人たちもフランス風の習慣が身についていて、それがロシア人は無愛想という印象にもなっているが、ではロシア人は初対面でも愛想よく振る舞う日本人をどう思っているのだろう。そのことを直接ロシア人に尋ねたことはないが、付き合いを重ねてみるとロシア人が日本人の愛想の良さを〝バカの証拠〟と受け取っていないことがわかる。こんな単語を使うのは穏当ではないが、単刀直入を命にする諺《ことわざ》の話だからお許しを願って話を進めれば、バカかどうかを決める一つの基準は、知的好奇心を持っているかどうかだろう。

知的好奇心を満たす手段の一つは読書だ。ロシア人の読書好きはきわだっていて、ロシア一の文化都市サンクトペテルブルクといった大都市にはいうに及ばずロシア全土の書店では村上春樹などの日本文学の翻訳ものが平積みで売られている。不肖私の著書の一冊も翻訳されて本屋の棚に並んでいる。もしロシアの人たちが日本人の愛想の良さを薄っぺらな人間の表れと受けとっていたとしたら、そんな現象は起こらないだろう。そのことを理解してロシアの人たちと付き合えば、私たちは日本とはまた違ったメンタリティーや文化を味わって世界観を広げられるし、ロシア人にはロシアとは違った文化の奥深さを理解してもらうことができる。相互の理解が深まれば対立やいがみ合いは減る。日本では「一挙両得」「一石二鳥」、ロシアでは

一撃で二羽のウサギを仕留める

となること請け合いだ。

どの野菜にも旬がある

Всякому овощу своё время

フシャーカム　オーヴァシュチュウ　スヴァヨー　ヴレーミャ

共産主義時代のロシアといまのロシアの変化を何よりも身近に感じさせるのが野菜だ。ソ連時代には季節の変化は野菜の出回りぐあいにてきめんに影響した。短い夏が終わると市場からは緑の野菜が姿を消す。冬になると外国人向けの外貨ショップでも新鮮な野菜を手に入れるのは難しかった。あるものと言えばキャベツにニンジンくらい。だからこの時期にモスクワにやってくる出張者には日本からと言わずヨーロッパ各国からの人たちにも、青物の野菜をお土産に所望するのが常だった。とは言っても野菜を持ち込むのはもちろん規則違反だ。空港の税関はそのことは承知の上で、外国人が持ち込む段ボール箱などについては「違反するものはないか？」と聞くだけで通してくれていた。外国人にとって新鮮な野菜のない暮らしがいかに辛いかを知っての上での温情的な計らいだったのだろう。

モスクワに駐在する者には西ヨーロッパへの出張は新鮮な野菜調達のまたとないチャンスだった。一九八五年一一月ゴルバチョフ・レーガンの首脳会談取材でモスクワから取材にジュネーブに出向いた時、各社の記者は取材の合間を見て野菜を買いこんだ。モスクワの空港に帰って明暗が分かれた。大部分の特派員は無事野菜を通してもらったのに、一人だけ段ボール箱の中身を開けさせられ、規則通り没収されてしまった。理由はわからないが、税関係員が何か虫の居処が悪かったのだろう。傍で見ていて同情はしたがなすすべはなかった。

野菜には旬があるという諺《ことわざ》は野菜だけではなく、何事にもタイミングがあるという意味だ。それに野菜が使われているのはロシアの冬の厳しさが生むべくして生まれた諺だと思う。

エリツィン政権時代の混乱の一〇年を経てプーチン政権になって状況ががらりと変わった。各地に大きな食料品市場が開設され、一年中どんな野菜や果物でも季節感なく店頭に並ぶようになった。その理由はロシアが豊かになり、外国からの野菜や果物が一年中豊富に出回るようになったからだ。そうなったのはアメリカのジョージ・ブッシュ大統領のおかげだなどと言って笑うロシア人たちもいた。

事情はこうだ。ブッシュ大統領のアメリカはイラクが大量殺戮《さつりく》兵器を開発中だと非難を続け、その勢いに押されて国連が調査団を派遣して査察を続けていたが、ブッシュ大統領は調査団の結論が

Всякому овощу своё время

フシャーカム　オーヴァシュチュウ　スヴァヨー　ヴレーミャ

どの野菜にも旬がある

出るのを待たず、二〇〇三年三月二〇日イギリス、オーストラリアを巻き込んでイラクに侵攻した。ドイツ、フランス、ロシアの反対を押し切っての軍事侵攻だった。この日を境に世界の原油価格が急騰を始める。この日一バレル二〇ドルだったものが半年後には一〇〇ドルにもなった。この急騰で産油国ロシアの財政はにわかに豊かになり、外国からの物資が豊富に輸入されるようになった。

国内でも豊かな天然ガス、石油を使った温室栽培も急速に普及して、野菜果物に花などが一年中豊富に供給され始めた。いま市場や大型スーパーに並んでいる野菜果物の産地は遠く中南米からアフリカ諸国、中近東やコーカサスなど世界各地だ。一時は西ヨーロッパ諸国からも大量に輸入されていた。しかし二〇一四年三月にロシアがクリミア半島を住民投票の結果を理由に併合したのを受けてＥＵが経済制裁措置を取り、これに対抗してロシアがＥＵからの生鮮食糧の輸入を禁止した。これで市場からは新鮮な野菜や果物が減るだろうと思ったが、代わって中南米アフリカなどからの輸入が急増し、季節感が感じられないほど品物は豊富だ。その結果ロシアとこれらの国々との結びつきが強くなったという副産物も生まれている。

Прошла любовь, завяли помидоры
プラシュラー　リュボーフィ　ザビャーリ　パミドールィ
愛がさめてトマトが萎んだ

こうした状況はモスクワやサンクトペテルブルクなどの大都会だけではない。二〇一六年夏に極東カムチャツカ州の州都ペトロパブロフスク・カムチャツキーに行ったが、わずか人口二〇万の北緯五七度の極寒の町のマーケットでも同じだった。驚いたのはマーケットの入り口の一番目立つところに花屋があり、バラや菊などたくさんの花が売られていたことだ。中でも目を引いたのが真紅の大輪のバラ。産地を聞くと南米コロンビアだという。その横に小ぶりのバラが売られていた。こちらはカムチャツカの温室育ちだそうで値段も安め。野菜も花も季節感がすっかり狂ってしまった。物事にはタイミングがたいせつだという諺に野菜が使われた背景にはロシアの厳しい気候があったのだが、豊かになってロシアの人たちは季節の変化で実感する大きな喜びを忘れてしまっている。

野菜が人生の重要な役割を果たしている諺にこんなものがある。

愛がさめてトマトが萎《しぼ》んだ

トマトの大量消費国スペインやイタリアではこんなことは言わないだろう。トマトが貴重品だったロシアだからこそ成立した諺だ。

お粥《かゆ》を炊いたらバターをケチるな

Заварил кашу, не жалей масла

ザヴァリール　カーシュ、ニェ　ジャレイ　マースラ

蕎麦《そば》の国信州で生まれ育った私がロシアで暮らすことになり、ロシアで蕎麦が毎日のように食べられていることを知って、ロシアが急に身近に感じられた体験をした。ロシアに住むまではロシアに蕎麦があることも知らず、ましてロシアの人たちが蕎麦を国民食のように食べていることなど夢にも思っていなかったから、私の驚きは容易に想像していただけるだろう。

ロシアの人たちはお粥をよく食べる。日本で朝食にトーストを食べるようにかの国では蕎麦のお粥を食べて一日を始める人はとても多い。粥はロシア語でカーシャ、語感も国民食にふさわしく軽快に響く。材料は小麦や米もあるが、ダントツ人気は蕎麦だ。作り方は至って簡単。蕎麦の実を水と少量の塩で煮る。煮えたところで蓋を取ってとろ火で水分を蒸発させ、最後にバターを加え混ぜ合わせて出来上がり。

Заварил кашу, не жалей масла
ザヴァリール　カーシュ、ニェ　ジャレイ　マースラ
お粥を炊いたらバターをケチるな

モスクワで三歳まで育った長男はお手伝いさんに食事の世話をしてもらったが、彼女が蕎麦粥を食べさせる時には軽快に歌うように、「お粥をお食べよ！」と呼びかけた。倅の名前は元《げん》。「カーシャ　カルミー♪　ゲーノチカ　カルミー（げんちゃんお食べ）♪」と呼びかけると息子は反射的に口を開けていた。ロシアがとても身近になった場面だ。

毎日のように消費されるものだからロシアの蕎麦生産量は世界でダントツ一位。国連の統計によると世界の蕎麦生産量のほぼ半分がロシア産。二位が中国でロシアの半分、一位二位は毎年不動だが、三位以下はウクライナやフランス、ポーランド、アメリカなどが年によって入れ替わって続く。蕎麦の国だと思っていた日本の生産量は世界の一～二パーセント程度に過ぎない。

蕎麦王国で育ったロシア人が日本の蕎麦をどう見ているのか聞いてみると、日本通の人でも蕎麦の食べ方にはあまり魅力を感じないようだ。粒のままざっくり煮てお粥にし、こってりとしたバター味に子供の頃から慣れている人たちには、日本の蕎麦の食べ方はあまりにもあっさりし過ぎているらしい。ロシアの人たちが言ったわけではないが、じっくり日本蕎麦を楽しめない理由は値段にあるよう

Кашу маслом не испортишь
カーシュウ　マースラム　ニェ　イスポールチシ
お粥がバターでダメになることはない

Сам кашу заварил, сам и расхлёбывай
サーム　カーシュウ　ザヴァリール、サーム　イ　ラスフリョーブィヴァイ
自分で炊いた粥は自分で啜れ

Щи да каша-пища наша
シチー　ダ　カーシャ　ピーシチャ　ナーシャ
シチーとカーシャは我らが食べ物

だ。ロシアでの食べ方でも想像できるように、蕎麦粥は安いものの代表のようなものだ。日本でちゃんとした蕎麦屋で食べると、ほんの一口程度でロシア人の朝食の何十日分も払わなければならないからだと推測している。コストマインドはバターをケチるなという文言にも現れている。

お粥がバターでダメになることはない

ともいう。言わんとするところは同じだ。毎日のように嗜《たしな》むカーシャだから、これにまつわる諺《ことわざ》は多数ある。

自分で炊いた粥は自分で啜《すす》れ

自分でやったことは自分で始末しろという意味で、自業自得にあたる諺。ずばり粥の重みを言い表した言葉で粥のロシア人に対する影響の強さを感じていただきたい。

ここまで書いた時、モスクワの友人から人気レストランの情報が入った。日本の企業が経営するレストランがビーフストロガノフの添え物に蕎麦粥を付けたらこれが大当たりだという。ヘルシーで蕎麦の味がこってりのビーフストロガノフにぴったり合って、最近とみに健康志向になっているロシア人にも評判になっているという。いまはどうなっているだろうか。

シチーとカーシャは我らが食べ物

シチーはキャベツのスープ。ご飯に味噌《みそ》汁の味噌汁にあたる。何の技巧もなくやっぱり我々の食べ物だよな~という感慨が、軽快な音の響きとともに伝わってくる人気の諺だ。

カーシャと並んで日常的なスープは、じゃがいもや人参やキャベツ、時にはトマトなどを材料にしたもので、ロシアやウクライナだけでなくポーランドやベラルーシなどで共通だ。シチーやボルシチの名で生活に染み込んでいる。ウクライナはロシアとの関係が険悪になる中で二〇二一年に国連教育科学文化機関・UNESCO（ユネスコ）にボルシチをウクライナの文化遺産として登録するよう申請した。一年後にロシアがウクライナに軍事侵攻を始めて世界中がロシア非難を強める中でUNESCOは「ウクライナで伝統的に受け継がれているボルシチを緊急保護の必要」ありとして、ボルシチをウクライナの無形文化遺産に登録する決定をした。この登録がスープにどう影響するのか理解できないが、ひょっとしたらウクライナのレストランのメニューに〝ＵＮＥＳＣＯ認定ウクライナ料理〟などという表示が出て、戦争で記憶される食べ物になるかもしれない。

人を知るには一プードの塩を一緒に食べねばならぬ

Чтобы узнать человека надо съесть пуд соль

シュトーブイ　ウズナーチ　チェロヴェーカ　ナーダ　スイェスチ　プード　ソーリ

ロシアは何でも大袈裟《おおげさ》だ。共産主義の時代にロシアの人たちと本当に親しくなれたとわかったのは酒を一緒に飲みながらロシアの暮らしや政治体制を笑い飛ばす政治ジョークが飛び出した時だ。何しろ表向きはロシアが世界で最も進んでいて、暮らし向きも申し分ないと言っていた共産党の偉いさんがその社会の欠陥を笑い飛ばすのだから、とても並みの付き合いでは起こらないことだ。

「ロシアは何だって世界一だ。人工衛星も世界で最初に打ち上げたし、原子力発電だって世界で最初に実用化した。時計だって世界一だ。何たって世界でいちばん速く進む。マイクロチップスだって世界一大きい、ワッハッハ」

一プードとは古いロシアの重量単位で約十六キロ。人と人が本当に理解し親しくなるためには十六キロの塩を一緒に食べるほどの時間付き合わなければならないというこの諺《ことわざ》を聞いたとき、何と大袈

Чтобы узнать человека надо съесть пуд соль
シュトーブイ　ウズナーチ　チェロヴェーカ
ナーダ　スイェスチ　プード　ソーリ

人を知るには一プードの塩を一緒に食べねばならぬ

裟なと思ったが、なるほど世界一が大好きなロシアで生まれた諺だと納得した。

何事も大袈裟に思えるのはこの国の成り立ちによる。世界一広大な国土の中で歴史的にロシアは近隣の国や民族と攻防を繰り返してきた。例えばモンゴルには三百年近くもの長きにわたって支配された歴史がある。半世紀以上も前初めてモスクワに勤務した時、通りで道を尋ねられたことがある。その人は白人のロシア人と思われる初老の女性。外国人の私になぜだと驚いた。しかし長く暮らせば別に不思議ではないことが分かる。

二〇〇〇年にロシアが行なった国勢調査では一億四〇〇〇万の国民のうちロシア人と答えたものが一億一〇〇〇万、二番目に多いのがタタール人で五〇〇万、以下国民が名乗る民族は百四十六にのぼる。

二〇一七年に札幌のＰＭＦ音楽祭にロシアからソリストとしてやってきた十七歳のヴァイオリニスト　ダニエル・ラザコヴィッチ君に民族を尋ねたことがある。ロシアの名指揮者ゲルギエフが「この男には注目しておけ」という才能の持ち主だ。

背がすらっと高く髪は黒いが顔つきは東洋系にも見えるしロシア人によく

ある顔でもある。私の質問に彼の答え。「さ〜　何人と言ったらいいのかな？　自分でもよく分からない」と言う。生まれは中央アジアのキルギス、母親はロシア系のキルギス人、父親はベラルーシ人で先祖を辿ってゆくとウズベクやユダヤ人の血も混じっていて、民族が何だと言われても自分でもよく分からないのだそうだ。くだんの国勢調査でも四パーセントの人たちが民族名を答えていない。そんな具合に百何十もの民族が暮らしている国で、人と人が親しくなるといってもそう簡単にできるものではないことをこの諺は語っている。

ラザコヴィッチ君を紹介してくれたマエストロ・ゲルギエフにしてもロシアの指揮者として世界に知られているが、彼の故郷はロシア南部の北オセチア共和国。ロシア連邦を構成する八五の共和国や州、地方の中でも一番小さい人口七〇万の田舎だ。世界ではロシアが産んだ押しも押されもされぬ名指揮者で通っているが、お酒の席で出身地の話になったとき、ロシア人指揮者と言われるといまでも違和感があると漏らしていた。

同じ釜の飯を食べているから一体感を持てるという日本とは理解しあうプロセスが違うのは当然だろう。電車が一分遅れてもお詫《わ》びする国と、首脳会談に何時間も遅れて来ても悪びれない大統領の国とでは、所詮物事全てに尺度が違うことを承知していなければ、ロシアはわからないことをこの諺は教えてくれている。

百聞は一見に如かず

Лучше один раз увидеть чем сто раз слушать

ルーチシェ　アジン　ラス　ウヴィージェチ　チェム　ストー　ラス　スルーシャチ

日本人がロシアとロシア人にいだく大方のイメージは堅苦しく頑固なものだと思うが、ロシアに長く暮らしてロシアの人々がひどく笑い好きだと知った。ロシア人は堅物という理解はあの国の人たちの姿とはかけ離れている。冗談がわからない人と言われたら、最低の評価だと心得なければならないのがロシアだ。率直に言って大方の日本人のロシアに対する感情は良くない。戦争後遺症の領土問題にシベリア抑留者の記憶もその原因になっているのは仕方がないことだが、現地で暮らしてみるとロシアでは日本に対する感情はすこぶる良い。村上春樹は書店の平積み本だし、漫画・アニメはロシアの若者に必須だ。日本を訪れるロシア人は年々増え、コロナ禍の前には年間一二万人になった。対して日本人のロシア旅行者はその半分程度に過ぎない。

諺《ことわざ》通りロシアを訪れて人々の暮らしに接し交流をすれば大方のわだかまりは解消できると考えて

Лучше один раз увидеть
чем сто раз слушать
ルーチシェ　アジン　ラス　ウヴィージェチ
チェム　ストー　ラス　スルーシャチ

百聞は一見に如かず

いた時、ＮＨＫ文化センター関連の旅行社からロシア旅行を企画しないかとの話が来た。渡りに舟で条件を出した。参加者は私が誘う、あちこち移動するのではなく一週間一カ所に留まり、食事には時間をたっぷりとって参加者どうしが話し合えるようにする。参加者が有意義に話し合うためにはお互いを知らなければならない。個人情報保護法で旅行社にはそれができない。そこは私が誘う参加者全員に了解を取りメールで紹介することで解決した。

私が誘ったのは、講演などで知り合った人の中から、ロシアは嫌いだと言う方、音楽や美術、暮らしに関心がある方々。現地のガイドはどんな質問にも答えられる人を探した。ガイドで大当たりした一人は大阪大学で教鞭《きょうべん》を取ったこともある女性大学助教授（当時）。東京弁と大阪弁を自在に使って答えるので参加者から質問が相次ぐ人気で、数年間担当していただいた。

合宿旅行と銘打った旅の二年目に弁護士で出身大学の理事もしている大物を誘った。講演で明らかにロシア嫌いの質問をした方だ。二十数名の参加者も決まり、事前の顔合わせ食事会も楽しく終わって出発直前、彼が突然参加をやめると言う。二〇一四年ロシアがウクライナ領だったクリミアを住民投票の結果を理由にロシアに併合した後で、今日のウクライナでの戦争の元になった出来事だ。奥様がそんな国に行けば人質になるかもしれないと猛反対したのだと言う。旅行代金もふいになるし私がついているから大丈夫だと説得して彼は渋々参加した。現地では食事も評判の素晴らしいホテルに泊まり、美術館や教会などをゆっくり見学し、人の暮らしを見るために市場や商店にも立ち寄った。

ガイドが案内したスーパーは巨大で野菜果物肉にチーズと生活用品が溢《あふ》れ立派だった。ここでくだんの弁護士さんが俄然《がぜん》興味を示した。彼の前歴は検事。人の話を鵜《う》呑《の》みにせず疑うことが身についている。世界からの品物が溢れて豪華なスーパーは外国人客のための特別な店ではないかというのだ。ガイドに否定されても納得しないようで店員に尋ねたり、商品棚の裏の扉を開けたり活発に動いた。ガイドが気を回し別の店にも案内してくれたが、そこも商品が豊富で清潔で店員も親切であることは変わりなかった。

合宿仲間のピアニストやヴァイオリニストのミニコンサートも組み入れ現地の人たちを招いて演奏とその後の懇談を楽しんだ。指揮者のゲルギエフは「音楽は人を結びつける」という信念の人だが、その通り音楽の後の交流は国の違いを感じさせない和やかさがあった。ゲルギエフのオペラも見て最終日の夕食は合宿の締めくくりで全員が旅の感想を披露する。

富山から参加の会社社長は「真実は現場に宿る」と話した。経営者が言えば万国共通の諺「百聞は一見に如かず」はこうなるのだ。くだんの弁護士がおずおずと立ち上がった。口から出たのは「ロシアに亡命したくなった！」座は一瞬沈黙、ややあって大爆笑。合宿旅行は七年間続いた。常連の参加者も多く、その後もコンサートやイベントの口実でよく集まる。その度に弁護士さんに女性たちが尋ねる。「先生もう亡命許可はおりましたか？」やっぱりこの諺にはユーモアの味がある。

ささやかだがこの諺の持つ重みを皆さんに実感していただくことができたと喜んでいた矢先のロシアのウクライナに対する軍事侵攻に、私のロシアへの理解を進める試みがひどく傷付けられた思いがする。だが一緒に合宿旅行をした人たちと話していると、私が旅で狙ったロシア理解は間違いなく皆さんの心の隅に生きていて、無駄ではなかったと嬉しく思う。蒔いたタネが芽を出すには長い時間がかかるとは思うが、気長に見守ることにしよう！

モスクワは涙を信じない

Москва слезам не верит
マスクヴァー　スレザーム　ニェ　ヴェーリト

ロシアは世界一が大好きだ。領土は言うに及ばず、人工衛星から原子力発電、そして最近ではコロナ騒ぎの中で二〇二〇年八月に世界に先駆けて開発したコロナワクチン・スプートニクVなど諸々の世界一自慢がロシア人のプライドを支えている。だが、一つだけロシア人が自慢しない世界一がある。それが離婚の多さ、しかも世界の中でダントツ一位だ。国連の統計によれば一件の結婚に対して離婚は一・六件、人口一千人あたりで四・七件。二位以下はぐっと減ってモルドヴァの三・七、ベラルーシ、ウクライナ、ラトビア、カザフスタン、リトアニアと三ポイント台が続く。上位七カ国がいずれも旧ソ連の構成国である点には興味を惹かれる。ちなみに同じ統計で日本は一・七件で調査対象国の中で真ん中より少し下というところだ。

これだけ離婚が多いと珍しいことではなくなり、結婚式の友人のお祝いの挨拶の最後に「で、いつ離婚するのかな？」などと言うのも珍しくなく、格段顰蹙《ひんしゅく》を買うこともないと聞いたことがある。それだけ離婚慣れしたロシアだが、さすがに離婚を重ねて大統領の座を得られなかった女性の例もある。モスクワ大学で修士号をとった経済学者でゴルバチョフ改革政策の中で頭角を現し、証券取引所設立に大きな役割を果たし、経済自由党を設立して下院議員にもなって一九九四年には大統領選挙に立候補した。実業界での実績に爽やかな弁舌、その上魅力的な容姿！ ロシアの大統領選挙は十八歳以上の国民の直接投票だからひょっとしたらロシアに女性大統領誕生かと騒がれたが、離婚歴四回結婚五回という経歴が明らかになり、離婚に寛容なロシアの人たちも拒否反応を示して人気を落としてしまった。

Москва слезам не верит
マスクヴァー　スレザーム　ニェ　ヴェーリト
モスクワは涙を信じない

「モスクワは涙を信じない」という諺は、泣いたところで誰も助けてはくれないという意味の格言だが、このタイトルでソ連時代の映画監督が女性の活躍と愛と結婚をテーマに人間味あふれる映画にしたのが同名の作品。ロシアが戦後の荒廃から立ち上がりその中で女性の活躍が目立ち始めた時期の働く女性たちの友情と、男女の偽りと真実の愛の関係を描いた作品で、離婚が話の芯になっている。ロシアだけでなく世界で話題になり一九八〇年のアカデミー外国語映画賞を受賞した。映画俳優出身のレーガン大統領は一九八五年一一月ジュネーブでゴルバチョフ書記長と初の首脳会談に臨む前に、この映画をじっくり観てロシア人のメンタリティーを知ろうとしたという話題にもなった映画だ。

この映画のウラジーミル・メニショーフ監督はロシア映画界の重鎮の一人で、多くの映画人を育てた功労者だったが、二〇二一年七月八十一歳で亡くなった。コロナウイルスの犠牲者だ。

話を元に戻そう。ロシアでどうして世界でダントツに離婚が多いのか？　ロシア人の物知りによるとざっとこんな話になる。まずロシアでは男女とも経済的に独立しているから、女性が男性の経済力に頼って愛がさめても結婚生活を続ける理由がないという。その上離婚手続きがひどく簡単で手間も金も時間もかけずに離婚ができる。夫婦が同意していれば婚姻登録所に揃って行きそれぞれが六五〇ルーブル（二〇二二年九月のレートで一五〇〇円ほど）を支払って離婚確定の書類の到着を一カ月待つ。その書類を決められた期日内に提出すればそれで離婚が成立する。もしその書類を提出しなければ離婚は取り消される仕組みだ。

いちおう一カ月の冷却期間を置いている格好にはなっているが、この簡便な制度はまるで離婚を奨励しているように思えるほどだ。離婚するときには、婚姻期間に夫婦で購入したすべてのものが平等に分けられる。例外は事前に婚姻契約書に別の取り決めが明記されている場合で、この例外規

Любовь не картошка не выбросишь в окошко

リュボーフィ　ニェ　カルトーシカ　ニェ　ヴィブラシシ　ヴ　アコーシカ

愛はジャガイモじゃないから窓から捨てられない

定があること自体が離婚の多いことの証拠でもある。子供がいる場合は子供が十歳以上であればどちらと暮らすか子供自身で選択することができ、未満であれば二〜三カ月で裁判所がどちらに扶養を任せるか決めてくれることになっているが、普通は母親が扶養し、父親は毎月収入の二五パーセントを養育費として十八歳になるまで支払う仕組みだ。

この話を書くとロシア人が男女の関係にひどく淡白にも感じられるかもしれないが、それは現実とは大違いだと思う。ロシアの人たちは非常にウェットで人情に厚い。別れた二人が仲良く付き合っている人が私の友人の中にも数人いる。そのうちの一組は子供がないまま別れたがその後共に再婚し双方ともに子宝に恵まれた。いまでも付き合いはわだかまりなくやっている。

映画「モスクワは涙を信じない」はしみじみとした愛の成就を感じさせるシーンで終わる。別の人気のある諺にいう。

愛はジャガイモじゃないから窓から捨てられない

熊を仕留めぬうちから毛皮を売るな

Не убив медведя, не продавай шкуры

ニェ　ウビーフ　メドヴェージャ、ニェ　プラダヴァーイ　シュクールイ

日本にも動物の入った名前や姓はあるが、動物がずばり名前になっているのは落語の世界くらいのものだろう。ところがロシアではそのものずばり野獣などが名前になっているものがとても多い。二〇二二年にテニス世界四大大会のフレンチオープンで優勝したのがメドヴェージェフ＝熊さん。前の年のオーストラリアオープンではロシア出身でいまはドイツ国籍のズヴェレフ＝野獣さんと戦った。熊さんはロシアのウクライナへの軍事侵攻のトバッチリでウィンブルドンには参加を許されなかったが、二〇二二年七月の段階で世界ランキング一位のプレーヤーだ。ロシアで外交官を養成する国際関係大学で学んでいたが、テニスの才能に両親が気づき、一家をあげてフランスに移住し熊さんを世界一に育て上げたという珍しい経歴だ。熊の印象とは違って細身で身長一九八センチ、顔つきも獰猛《どうもう》とは正反対で端正だ。フランス語も自在だから、優勝インタビューは実に面白い。

スポーツ以外の分野でも動物の名前のロシア人は非常に多い。文豪トルストイのファーストネームはレフ、ずばりライオンだ。あだ名ではなく本名だ。狼《おおかみ》や羊、山羊に牛、それに鳥由来の名前も非常に多い。鳥では鷹《たか》や鷲《わし》、雀《すずめ》に鶴と変化に富んでいる。狼はヴォルコフ兎はザイツェフ、牛はブイコフで山羊はコズロフ、犬がソボキンで猫がコトフ。日本で人気の狸《たぬき》はどうかと調べると、ロシア語では「アライグマ風の犬」と言う。これでは人名には使えないと納得した。

鳥も人名に人気だ。鷹はソコロフで鷲はオルロフ、鴨《かも》がウートキンで雄鶏がペトゥホフ、雀がヴォロビヨフでカラスがヴォロノフ、鵞鳥《がちょう》がグセフで鶴がジュラヴリョーフ。ロシアの鳥ですぐに頭に浮かぶのはチャイコフスキーのバレエ白鳥の湖だが、白鳥はレーベジで人名になるとレーベジェフ。かつてロシアの秘密警察員にこの名前の人がいて、ソ連崩壊のどさくさでなぜかロシアを代表する大富豪になり、かつてスパイとして活動していたイギリスに乗り込んで夕刊紙を買収して話題になった。白鳥からは清楚な姿をイメージするがこの白鳥さんの背後はなんともどす黒く、その風貌とも相まって白鳥とのギャップが強烈だった。私たちがよく言う「名は体を表す」という言い方が、ロシアではピッタリするとは限らない。

あらゆる動物や鳥がそのまま人名や姓に使われているのを見ると、ロシアの人々がどれだけ深く自然と関わった暮らしをしてきたかが想像できる。狼も熊も同じように人名になっているのは、ロ

Не убив медведя, не продавай шкуры
ニェ　ウビーフ　メドヴェージャ、ニェ　プラダヴァーイ　シュクールイ

熊を仕留めぬうちから毛皮を売るな

シアの人たちが動物たちに素直な気持ちで接してきたからではないかと推測する。一番悪役になりそうな狼でさえ人名に使われているのは、動物に悪役を見ていないという証ではないか。

人名に動物の名前が頻繁に登場する以上に諺《ことわざ》には動物を使ったものが登場する。熊を仕留めぬうちに毛皮を売るなという諺は、さしずめとらぬ狸の皮算用というところだが、いずれも毛皮を商売にしている発想で、国土の広さは比較にならないが考えることはロシアも日本も同じだと微笑ましくなる。

ロシアに生き物由来の諺が多いのは、南は亜熱帯の黒海から北極圏に至るまで、標準時間帯も東のカムチャツカから西の飛び地カリーニングラードまで一一の標準時があり、標高でも五六四二メートルのエルブルス山をはじめ五千メートルを超える高山が五つもある文字通りの大地だから。そこに住む多様な動物と人間とのつながりを反映して諺に使われているということだろう。

この諺と同じ意味で鳥を使った諺に、卵が孵《かえ》らぬうちに雛《ひな》を数えるな、というのもあり、諺が農業や狩猟から生まれて長く使われていることがわかる。そんなことを考えて動物がらみの諺を拾ってみた。

・金持ちは子牛を増やし、貧乏人は子を増やす…日本　貧乏人の子だくさん　ロシア版は蓄財の手法もついでに教えている。

・狼も満腹、羊も怪我なし…日本　喧嘩《けんか》両成敗の大岡裁き　妥協はロシアの暮らしに欠かせない生活の知恵だ。

・猫同士が喧嘩して鼠は気楽…日本　鬼の居ぬ間に洗濯

・猫には広すぎ犬には狭すぎ…日本　帯に短したすきに長し

・二頭の熊は同じ穴に暮らせない…日本　両雄並び立たず　ロシアで人間に一番近いのが熊だ。

・卵には鶏を教えられない…日本　釈迦《しゃか》に説法　ロシア版は何とも生活臭が強い。

・羊と向き合う勇者、勇者と向き合うお前も羊…日本　お山の大将。日本にも「鳥なき里のコウモリ」と生き物を使った表現がある。

日本語にすると長く散文的になってしまうがロシア語では短くリズム良く韻を踏んでいて人の口に滑らかに乗る。そして概ね共通しているのは生き物への愛情が感じられ、普通嫌われ者の狼にさえ温かい目を向けていること。

ロシアには常設サーカスが大人にも子供にも人気でプログラムの中に必ず動物の芸が含まれているし、モスクワには動物サーカスの常設館もあって、ここでは大きいものでは馬から、小さいものでは珍しい猫の芸まで見せてくれる。

　動物好きのロシア人にことのほか好かれているのが熊で、ミーシャ、ミーシュカと呼ばれオリンピックモスクワ大会のマスコットにも選ばれた。ぬいぐるみなど熊のグッズは一番の人気だ。ロシア人の旅行者が北海道の熊の木彫りにひどく喜んでいたのを思い出すが、私は熊好きのロシア人で熊の姓を持つテニスプレーヤーが世界注視の活躍をしているのを同じく喜んで見ている。

髪は長いが知恵は短い

Волос долог, да ум короток
ヴォーロス　ドーロク、ダ　ウーム　コーロトク

ここでいう髪は女性のもので、女性には大変失礼ゆえにいまは余り口にされなくなったが一時よく耳にした時期があった。ロシアは女性の活躍で魅力的な国になった歴史的事実がある。女性を見下すような諺《ことわざ》はなんとも罰当たりだ。ロシア中で一番外国の旅行者が訪れる場所がサンクトペテルブルクのエルミタージュ美術館だが、その創設者は女帝エカチェリーナ二世だ。

三百年も続いた帝政が崩壊したのも女性の力が大きく関わっている。事の起こりは一九一七年旧暦の二月。皇帝ニコライ二世統治下のロシアは一九一四年第一次世界大戦に参戦し若者を動員して戦場に送り込んだが戦争は長引き、その結果ロシア国内の生業は疲弊し国民の不満が高まっていた。開戦から三年経った一九一七年旧暦二月二三日（新暦では三月八日）サンクトペテルブルク郊外ブイボルグの女性たちが立ち上がり「パンよこせデモ」を始めた。皇帝は警察隊を派遣して鎮圧を図

ったが、警察官の中からもデモ側に加担する者も出て収拾がつかなくなり、近衛兵の出動を命じる騒ぎになったが収まらない。マザコンで気の弱い皇帝は退位し、弟に帝位を継がせようとしたが彼は即位を拒否、ここに三百年続いたロマノフ王朝は崩壊した。帝政を倒したのはレーニンの率いる共産革命だと思っている人も多いが、王朝が消えたのは女性パワーの爆発が引き金だ。共産党が政権を取ったのはそれから半年後の旧暦一〇月、新暦で一一月七日のことだ。

女性たちが「パンよこせ」デモを始めたのは新暦で三月八日。それより十三年前のこの日にはニューヨークで女性が参政権を要求してデモをした経緯もあり、国連はこの日を国際婦人デーに定めている。日本では休日でもなくあまり話題になる日ではないが、ロシアでは女性を讃え感謝する盛大な祝日だ。ロシアの男性はこの日に親しい女性に花を贈る習わしがある。贈らなければならないと言ったほうがいい。いまでは街に輸入や温室栽培の花があふれているが、ソ連時代に花を手に入れるのは大変な事だった。萎《しお》れかかったような水仙一輪を大切に持って女性の元に向かうロシア男性を見ると、ロシアの女性はそれだけ敬意を持たれているのかと驚いたものだ。

ロシア女性の偉大さを言えばチャイコフスキーも数々の名曲を残すことが出来た裏には女性パトロンの支援があったし、古くはベートーヴェンが最後に作曲した名曲・荘厳ミサ曲が一八二四年ウィーンではなく、サンクトペテルブルクで初演されたのも女性のパワーだ。ロシア音楽家未亡人の

Волос долог, да ум короток
ヴォーロス　ドーロク、ダ　ウーム　コーロトク
髪は長いが知恵は短い

ための慈善演奏会だった。

女性には失礼千万なこの諺を時に耳にすることがあったのがゴルバチョフ時代だ。ゴルバチョフ夫人のライサさんは名門モスクワ大学でゴルバチョフと出会い学生結婚した。成績優秀で母校の教授になったが、容姿にも恵まれ弁舌も爽やかだった。ゴルバチョフが国の最高指導者になり国内でも国外でも活躍の場が増えると彼女の活躍がとても目立つようになった。私がその一場面に立ち会ったのは一九八五年一一月スイスのジュネーブでゴルバチョフ・レーガンの米ソ首脳会談の時だ。同行した両ファーストレディーは揃って国際赤十字の建物の定礎式に出席してスピーチをした。ナンシー・レーガン夫人がまずマイクの前に立った。女優の出身でもあり堂々と祝辞を述べたが、時折メモを見ながらのスピーチだった。次にライサ・ゴルバチョフ夫人が立った。出席者に視線を配りながらメモも見ずに見事な内容のスピーチで、数分の彼女の言葉が終わると参加者の中からどよめきと拍手が起こった。この時以来レーガン夫人はゴルバチョフ夫人とは同席を避け、時に会ってもしっくりしない感じがし始めたのは知られた話だ。

アメリカの大統領夫人が舌を巻くほどのしっかりしたロシアの女性にロシアの

人たちが敬服し称賛を惜しまなかっただろうと考えるのが普通だが、事実は違っていた。ロシアはゴルバチョフ時代になっても一般国民の生活水準は遠く欧米諸国には遅れていた。そんな時、魅力的な夫人が場面場面で立派な衣装で登場することに庶民は反発するような反応を見せた。

大統領の特別機に衣装係がたくさんの夫人の衣装のハンガーを担いでタラップを駆け上がるシーンが放送されたことがあったが、あのシーンの意味は何だったのだろう。少なくともライサ夫人に好感を持った映像ではなかったと思う。女性蔑視の諺が耳に入るようになったのはそんな時だった。女性を軽く見る表現の諺だが、ロシアの歴史で女性が果たした功績の大きさを考えてみると、これを口にする男性の心の底には、女性にはかなわないという屈折した気持ちが垣間見えるような気がする。

第4章

幸せと不幸せ

～悲しみは海ならず

不幸を恐れては幸せにはなれぬ

Несчастья бояться-счастья не видать
ニェスチャースチャ　バヤーツァ　スチャースチャ　ニェ ヴィダーチ

どの国どの地域でも諺《ことわざ》は概ね人の気持ちに共通に伝わってくるものを持っている。幸せ不幸せの感じ方についてはことにそうだ。私のロシアでの体験を話そう。念願かなってモスクワ特派員に任命され、勢い込んで赴任した私を待っていたのは恐ろしく頑丈な情報統制の共産主義体制だった。仕事をしようにも自由に報道の仕事ができないように、共産主義ソ連の報道統制は完璧にできていた。

気持ちが先走るほどフラストレーションも大きく、体調までおかしくなりそうだった。その体調が私を救ってくれた。おかしくなりそうな体調から身を守るためには泳ぐのが良いと考えた。幸運なことにモスクワのオリンピックプールは支局から歩いて五分のところにあった。情報統制はあっても人々のためのスポーツ施設はロシアの自慢だ。外国人でもほとんどタダ同然の料金で利用することができた。オリンピックプールだから立派なものだ。五〇メートルプールをゆっくり平泳ぎで十往復してちょうど三十分ほど。有酸素運動の効果か、この泳ぎでクヨクヨ悩む気分は消えた。

ある日プール脇で監視をしているコーチが声をかけてきた。隣のジャンプ競技用プールで泳いでみないかと言う。喜んでついてゆくとそこには青々と水をたたえた深い綺麗《きれい》なプール。ガラス張りで天井が高く開放感がある。距離は短いが深い水は気持ちよく体を浮かせてくれる。一緒に泳いでいたグループに若い女性たちがいた。皆若く美人揃《ぞろ》いに見えた。頭に浮かんだのは特権階級のことだ。選ばれた階層の娘たちがこんなに素晴らしい施設で泳いでいるのか。

しばらく観察していると様子がおかしい。プールサイドでコーチが指示を出しているのだが声を出さず身振りだ。プールから上がっても話し声がない不思議な光景だった。事情は後で分かった。彼女たちはいずれも聾唖《ろうあ》者だった。ハンディキャップを負った人たちにプールを開放していたのだ。デパートにも特権階級のためのフロアーがあり、病院も然りだった。しかし弱者のために心配りがあることを知って、ロシアを単純に見てはいけないという貴重な体験になった。情報統制社会での欲求不満の吐け口が目を開かせてくれた幸せだ。

共産主義ソ連だけではなく、いまのロシアについても、多くの報道は単純に決めつけて見ている。プーチン独裁、反体制活動家の弾圧とロシアの評価は決まっている。その独裁がロシアにどんな変化をもたらしたのか、反体制活動家が警察の介入を誘うためにどんな手口を使っているか、冷静な目で伝えているものは見当たらない。私にプール後の特派員活動の一つの指針を教えてくれたのは他ならぬ共産主義独裁だったということだ。

どんな不幸の中にも自分の幸せがある

日本でもよく使われる、禍福《かふく》は糾《あざな》える縄の如し、に当たる。この諺は理解の仕方によっては諦めを説いているようにも見えるが、別の見方をすれば恐ろしく楽観的な気質を表している。

「フ　カージュダム　ニェスチャースチエ　スヴァヨー　スチャースチエ」と軽やかに発音するのもそんな雰囲気を表しているようだ。

幸せは心の持ちようだと精神論を全面に押し出した諺がこちらだ。

良心が安らかなる者は幸せ

心がいくら立派でも食っては行けないという風潮のいまの世の中では、なんとものんびりとしている。武士は食わねど高楊枝、という言葉がふと頭に浮かんだ。一面真理ではあるだろうが、多くの人の生き方に影響を与えるような力があるかと考えると、いまの時代にはあまり迫力はないかも

Несчастья бояться-счастья не видать
ニェスチャースチヤ　バヤーツァ　スチャースチヤ　ニェ ヴィダーチ
不幸を恐れては幸せにはなれぬ

В каждом несчастье своё счастье
フ　カージュダム　ニェスチャースチエ　スヴァヨー　スチャースチエ
どんな不幸の中にも自分の幸せがある

Счастлив тот, у кого совесть спокойна
スチャストリフ　トット、ウ　カヴォ　ソーヴェスチ　スパコイナ
良心が安らかなる者は幸せ

Счастье родины дороже жизни
スチャースチエ　ロージヌイ　ダロージェ　ジーズニ
命より祖国の幸せが大事

知れない。

幸不幸は本当に人によってさまざまだと思いながら幸せに絡んだ諺を探していたら、とんでもないものに出くわした。

命より祖国の幸せが大事

いつの時代に出来たのか、どこかに元になる言葉があるのだろうかと探してみたが見つからない。共産主義時代レーニンかスターリンだったら言いかねないと思うが、ウクライナへの軍事侵攻の指揮官としてアメリカや西ヨーロッパ諸国から批判を受けているプーチン大統領が言ったとしてもおかしくないと思える諺だ。祖国が声高に叫ばれるときは国が不幸せな状況になっていることが多いのは世界の歴史が証明していることだ。

舌の上には蜂蜜、舌の裏には氷

На языке мёд, а под языком лёд

ナ　ヤズイケ　メード、ア　パド　ヤズイコム　リョート

長い間ロシアに暮らして日常生活の中で蜂蜜が好まれていることは知っていたが、好まれるどころかロシアの人たちの暮らしや思考にまで深く影響を与えているものだと思い知ったのはシベリア鉄道でウラジオストクからモスクワまでの旅をした時だ。時はコロナ前の二〇一九年四月。ロシア大使から声がかかってきた。ロシアがシベリア鉄道の旅のキャンペーンを始めるので参加しないかとの誘いだった。

極東ウラジオストクからモスクワまで九三〇〇キロを二週間あまりかけて走り、途中の主なところで下車して見物するという。二つ返事で参加を決めた。旅の道連れは民放の取材班や旅行会社の社員、世界を旅しているブロガーなど一七名。皆さん現役のバリバリで、退職高齢者は私たち夫婦だけ。一輌《りょう》が私たち一行専用で七つの個室に分かれ、常駐車掌専用の個室もついている。部屋は二

段ベッドだが、昼はベッドを回転させればソファーになり、トイレは水洗でシャワーもあって実に清潔だ。テレビもついているが見る暇など全くなかった。これは特別車両ではなくその一つ下の一等車だというが、隣の車両は照明にも気配りをした私たち一行専用の食堂車で、テーブルクロスの掛かった四人掛けのテーブルにウェイターが気持ちのよいサービスをしてくれた。

アガサ・クリスティーの世界に迷い込んだような鉄道の旅で、ドイツをはじめ西ヨーロッパの人たちに大人気だという。旅そのものも新鮮な発見だったが、一番強烈な印象はモスクワに住んでロシアをわかったように伝えていたが、私が見ていたのはロシアのほんの一部に過ぎず、「シベリアを知らずしてロシアはわからない」ということだ。

その中の一つが今回のテーマの蜂蜜だ。豪華食堂車の食事は言うに及ばず、途中視察した沿線各地の市場やスーパーには例外なく蜂蜜のコーナーがあった。蜜の種類も花の種類や収穫時期によって実にさまざま。色も違い味見をさせてくれるのもどこでも同じで、客は味を確かめてから買ってゆく。ワインの生産国でワインにうるさいように、シベリアでは蜂蜜に生産者の誇りが込められていた。原野の草花からの蜂蜜など味わったことのない風味だった。シベリア大地の甘みとでも言おうか。沿線各地でお茶の商売で財をなした帝政時代の丸太造りの豪商の家が博物館になっていて、そこで振る舞われるお茶には必ずいろいろな種類の蜂蜜がついていた。蜂蜜はお茶に入れず、スプ

На языке мёд, а под языком лёд

ナ　ヤズイケ　メード、ア　パド　ヤズイコム　リョート

舌の上には蜂蜜、舌の裏には氷

ーンで味わうのが普通で、蜂蜜の味はお茶の風味同様に大切に扱われている。

蜂蜜はロシア全土で生産されているが、特に名産地とされるのが、極東沿海州地方、ユーラシア大陸を東と西に分けるウラル山脈を挟んだウラルアルタイ地方や中央アジアだという。シベリア鉄道の旅はまさに蜂蜜の名産地を巡る体験でもあり、ロシアの大切な食品・蜂蜜の重みを知る機会になった。どれだけロシアの人々の心に繋がっているかが次の話。

ロシア人の大好きな動物と言えば文句なく熊だ。一九八〇年モスクワオリンピックのマスコットになったのはミーシカ。ミーシカとは熊・メドヴェージの愛称、つまり熊ちゃんだ。熊медведьメドヴェージの大好きな食べ物が蜂蜜мёдミョード、熊は蜂蜜が大好きな動物との語源を持っている。蜂蜜がロシアの暮らしと心にどれだけ深く入り込んでいるかよく分かる命名だ。3章「熊を仕留めぬうちから毛皮を売るな」でも紹介したが、ロシア人の姓にメドヴェージェフがある。日本風に言えば落語に登場する〝熊さん〟だが、ロシアでの熊さんは科学者から文学者、音楽家に運動選手と有名人も多い。そんなに大切な食べ物を使って面従腹背を意味する諺が作られたのが表題の諺《ことわざ》だ。

Где《グジェ》 мёд《ミョート》 там《ターム》 и《イ》 мухи《ムーヒ》

蜂蜜のあるところにハエも集まる

蜂蜜のあるところにハエも集まる

もう何も付け加える必要のない諺だ。

災いは一人ではやってこない

Беда не приходит одна
ベダー　ニェ　プリホージット　アドナー

この諺《ことわざ》を実感したのは共産主義ソ連の崩壊から自由主義ロシアへ生まれ変わったときの混乱だ。その不幸な時期に現地に居合わせ、この諺がなんと真実に溢《あふ》れているかを知って呆《あき》れたものだ。一九一七年の共産主義革命でロシアはそれまでに人類が体験したことのない共産主義を掲げ、人類の将来は共産主義にあるとの希望と理想に燃えて国づくりに励んだ。

人は皆平等という理想を掲げていたが、時間と共に共産党支配層の特権階級と支配される一般庶民、老人支配と硬直した官僚機構、言論の抑圧と一党独裁の欠陥が露《あら》わになってきた。その欠陥を正そうと共産革命から六十八年後、五十四歳の魅力的な指導者ゴルバチョフに変革の仕事を託した。最高指導者一人変わっただけで国の雰囲気がこうも変わるものかと、興奮して取材に当たった。人々が自由に発言して外国人ジャーナリストの取材にも応じてくれ、変化を報道する材料には事欠かなかった。睡眠時間も割いてその激変の報道に当たったというのは決して誇張ではない。

しかし何十年もの間に染み付いた悪弊は一人の指導者の登場で改革できるほどヤワなものではなかった。保守勢力の力は根強く、改革の期待を一身に受けていたゴルバチョフは副大統領や軍幹部などによってクーデターを起こされあえなく退陣させられ、人類の将来は共産主義にありと宣伝していたイデオロギーもあっさりお払い箱になってしまった。

Беда не приходит одна

ベダー　ニェ　プリホージット　アドナー

災いは一人ではやってこない

諺通り不幸は一人ではやって来ない。ゴルバチョフの後、新生自由主義ロシアの大統領に就任したエリツィンは大言壮語、威勢がよく一時的には庶民の受けが良かったが、本人の能力を補う知恵者を抱える力量はなく、したがって経済政策も文化教育政策も外交も定まらず、国民は彼に失望し、将来への自信を失って行った。次の不幸がやってきたのだ。

教育程度が高く共産主義の理想に燃えていた人たちほど落胆の度合いは大きかった。国の将来に希望が持てず、力のある音楽家など文化人は外国に活路を求めて国を捨てた。国に信頼がないことは激しいインフレーションの原因になった。

通貨の価値は国への信頼の証だ。激しいインフレは年率二〇〇〇パーセントにも及び、人々は手持ちの現金を物に変えた。食料品店からは品物が消えた。エリツィン政権は対外債務を支払うことができず国の破産に追い込まれた。激しいインフレに対処するため通貨を切り下げ、新しい紙幣を発行した。ごく少数の大統領の取り巻きだけが新札切り替えの情報を事前に知らされ、旧札の操作で大金持ちになった。

精神的に不安になった人々が逃げ込んだのが日本からやってきたオウム真理教や各国からの新興宗教だった。殊に信者を多く集めたのがオウムで、教祖の説教にクレムリン宮殿の中の六千人収容の大ホールを満席にした。参加者にはチョコレートバー一本を配るという姑息《こそく》で現実的な手法が大効果を上げたのだ。信者は急速に増え、特に自信を失った学生などは修行をするため家族を捨て出奔するという悲劇も数多く起こった。

勢いに乗ったオウム真理教は給料もろくに払えなくなった国立のオーケストラから演奏者を集め、自前のオーケストラまで持った。引き抜かれた演奏者の給与は月数百ドル。一九九五年、教団が地下鉄サリン事件を起こしてオーケストラは解散に追い込まれたが、この教団オーケストラに籍を置いた音楽家たちには、以後日本への入国が禁止される悲劇が待っていた。

ソ連の崩壊とエリツィンロシアの混乱は、災いは一人ではやって来ない、という世界中にある諺

Беды мучат, уму учат

ベードィ　ムーチャット、ウームウ　ウーチャト

不幸は人を苦しめるが、知恵も授ける

を思い起こさせるが、一方でこんな前向きな諺もある。

不幸は人を苦しめるが、知恵も授ける

日本でいう「艱難汝を玉にす」《かんなんなんじをたまにす》というところか。ロシアの政治社会の流れを見ていると、経済から治安にいたるまで大混乱を引き起こしたエリツィンから暮らしの安定と国民の自信を呼び起こしたプーチンに至る変化は、まさにこちらの諺にぴったりだ。

殴り合いに正義なし

Дракою прав не будешь
ドラーコユ　プラフ　ニェ　ブージェッシ

長く報道の世界に身を置いて、新米の地方警察まわりの仕事から世界を二分した一方の大国ソ連の崩壊の真っ只中での活動まで、全てを通じて痛感したのは「見ると聞くとでは大違い」ということ。新米記者に尊敬する先輩記者が言ったのは「足で稼げ」との極めて単純な教えだったが、それから半世紀以上経ったいま振り返ると、誠にもって貴重な教えだったと思う。

とりわけ言論や報道の自由が制限されていたソ連に派遣されて体験したすべてでこの教えが威力を発揮した。日々の暮らしの中で接する庶民から国を治める最高指導者に至るまで、じかに接して目を見ながら話すことで、どれだけ世間に伝わっていることと本人が考えていることの間に乖離《かいり》があるかを実感することができた。

ソ連を崩壊させたゴルバチョフは国の最高指導者で国民の人気絶頂でありながら、人類史上最悪

Дракою прав не будешь

ドラーコユ　プラフ　ニェ　ブージェッシ

殴り合いに正義なし

の原子力発電所事故についてまともな情報が彼には報告されなかったことを私のインタビューで告白した。

プーチン大統領が二〇〇〇年に登場した時世界の評価は秘密警察出身という経歴が響いて散々だった。そのとき私はもうモスクワ勤務でもなく古巣を退職して大学で教えていたが、彼のもとでのロシア社会の動きを離れた日本から見ると、メディアが伝える情報では辻褄が合わない。会わなければならない、といっても、あちらは大国の最高指導者、こちらは肩書きに元がつく民間人。しかし長いロシアでの活動で私の意図を理解し協力をしてくれる人は各界にいて、その助けで二〇〇三年五月に単独で長時間話し合うことができた。貧しい家庭の出身の不良少年だった彼が、柔道の師の教えで志を立て、国のために働くために諜報《ちょうほう》機関を志望したことなどをポロシャツ姿で懐かしそうに話した。

その後二十年間プーチン大統領の実績はめざましいものがある。その活動の精神的な支柱になっているものを私は本人の話で少しだけ知っていると思うだけで、私のプーチン評価からネガティヴなものが消えてしまったことは理解いただけると思う。だが二〇二二年二月プーチンはウクライナに対して軍事侵攻を開始した。

Биться, драться-не ума набираться
ビーツァ　ドラーツァ　ニェ　ウマー　ナビラーツァ
殴り合いや喧嘩で知恵は浮かばない

Худой мир лучше доброй ссоры
フドーイ　ミール　ルーチシェ　ドーブルイ　ソールイ
悪しき平和は善意の争いに勝る

Сила есть-ума не надо
シーラ　イェスチ　ウマー　ニェ　ナーダ
腕力あれば知恵は無用

Говорят хорош, а дела ни на грош
ガヴァリャト　ハローシ　ア　ジェラー　ニ　ナ　グロシ
良いこと言っても行いは屑

世界はプーチンとロシアに対して非難を集中させ、欧米先進国や日本の言動はすべて反プーチン反ロシアで一致している。

彼の真意はどこにあるのか。俄然《がぜん》知りたい意欲が湧くが、コロナ問題もありかつてのように直接取材に出向けない。ロシアの世論調査機関の発表では八〇パーセント以上の人たちがプーチンの決断を支持しているという。調査を担当したのは権力とは別の独立系の概ね信頼できる世論調査機関で、調査結果がプーチン応援ではないことは知っているが、それにしても八〇パーセント超は大袈裟ではないか。本当のロシアの人々の気持ちを知ることができないだろうかと考えて浮かんだのが諺《ことわざ》の力だ。諺は暮らしに根ざしている。現地調査の不足をメールで補った。

できる限り広く知り合いに、ウクライナへの軍事侵攻五カ月の時点でパッと頭に浮かぶ諺は何かを尋ねた。冒頭の諺が解答のあった最初のもので、以下の諺が続いた。

殴り合いや喧嘩《けんか》で知恵は浮かばない

これもまた明快に争いの愚かさを庶民の言葉で教えている。

悪しき平和は善意の争いに勝る

世の中は所詮妥協の上に平和が保たれているという教えだ。現実の穏やかな暮らしの極意を何とも平易に教えているではないか。

腕力あれば知恵は無用

いまのロシアの人たちがウクライナへの軍事侵攻でこの諺を頭に浮かべるところに私は大きな救いを見ている。軍事行動への痛烈な批判だ。

良いこと言っても行いは屑《くず》

政権の幹部が顔出しで喋《しゃべ》ることはたしかに筋が通っているように聞こえる。だがその中身は役に立たない。報道が制限され、ネットを使った国外への発信がままならない戦時下のロシアの現状に人々の目は厳しい。長い目で見れば非常に健全な庶民の反応だと思う。捨てたものではない。

バカを教えるのは死人を治療するのと同じ

Дурака учить-что мертвого лечить

ドゥラカー　ウチーチ　シュトー　ミョールトヴァヴァ　レチーチ

何とも身も蓋もない言い方でロシアは賢くない者には受け入れ難いに違いないと思ってしまう諺《ことわざ》だ。その上ロシアには

　バカのために法律は書かれていない

と賢くない者を切って捨てるような上から目線の諺があって、何とも冷たい国だと思ってしまうかも知れない。しかしロシアに暮らして社会のいろいろな側面を体験してみると、この諺から連想する冷たい社会とはひどく異なったところのある国だと分かってホッとする。その証拠はロシア文学の名作に明らかだ。

一つは帝政時代の文豪トルストイの『イワンのばか』、もう一つは同じく十九世紀のロシアの詩

Дурака учить-что мертвого лечить
ドゥラカー　ウチーチ　シュトー　ミョールトヴァヴァ　レチーチ
バカを教えるのは死人を治療するのと同じ

Дуракам закон не писан
ドゥラカム　ザコン　ニェ　ピーサン
バカのために法律は書かれていない

Индюк думал думал, и суп попал
インジューク　ドゥーマル　ドゥーマル、イ　スープ　パパール
七面鳥は考えて考えて終いにスープになる

人エルショーフの『せむしの仔馬《こうま》』。この作品はバレエの人気演目にもなっている。いずれもロシアに伝わる民話「イワンの馬鹿」を素材にして愚直に働く正直な若者と、彼を取り巻く小賢しい兄弟や権力者との暮らしを、悪魔や美しい姫を舞台回しにして描き、正直者が最後には幸せをつかむという教訓的な作品になっている。トルストイが『イワンのばか』を書いたのが一八八五年・明治一八年だが、その十七年後には日本の若者向けの複数の雑誌に翻訳が掲載されたというから、その伝播の早さは驚きだ。

日本が世界の列強に遅れをとるまいと富国強兵に邁進《まいしん》していたときに、いかにものんびりと人の性善説に重点を置いた作品が日本に伝わり、森鷗外や島崎藤村、与謝野晶子や武者小路実篤などに影響を与えたことを考えると文化の力は素晴らしいと思う。

日本にも影響をもたらしたロシア版のバカの役割だが、ロ

シアではバカを代表する鳥が七面鳥だ。それを知ったのが次の諺だ。

七面鳥は考えて考えて終《しま》いにスープになる

考えて考えてなどと表現されているから思慮深い慎重な行動を象徴する動物かと思ってしまったが、諺の意味は脳みその少ない鳥が一生懸命に無い知恵を絞っているうちに捕まえられて鍋に入れられ結局スープの出汁《だし》にされてしまったという意味だ。下手な考え休むに似たり、という言い方があるが、ロシアでは七面鳥がその役割を果たしている。バカ者、ノロマといった罵りの言葉にも使われていて散々な扱いだ。

キリスト教の影響の強い欧米の国々では七面鳥はクリスマスには欠かせない料理で、私が入っている日本外国特派員協会、通称外人記者クラブでもクリスマスの料理は七面鳥と決まっている。スープなどではなくれっきとしたメインの肉料理として。ロシアもキリスト教が最大の宗教で、ロシアがこの愛嬌《あいきょう》のある姿の鳥を悪しざまに扱っている理由を調べていたら、クリスマスと七面鳥の取り合わせは意外な民族関係に発しているという説が目に止まった。

事情は十七世紀にさかのぼる。新天地を求めてヨーロッパ各地から新大陸アメリカに移住した人たちははじめ食料の確保にも苦労した。それを助けたのがアメリカ大陸の先住民たちで、彼らが食料にしていた七面鳥などを移住者たちに分け与えたのだという。そうして生き延びた移住者たちは、生活が安定してきて感謝の気持ちを込めて感謝祭で七面鳥を先住民たちに振る舞った。そしてその後、クリスマスのような大きな祝い事でも七面鳥を食べるようになったという説だ。移住してきたヨーロッパ人と先住民の関係は西部劇でお馴染《なじ》みのように、対立ばかりが強調されてきたが、新参の移住者と先住民の間を取り持ったのが七面鳥とはなんとも心温まるいい話ではないか。しかるに諺ではバカにされるのはいかなる理由なのか。

ロシア語辞書で七面鳥を調べると日本語訳は二つ。七面鳥とウスノロ、バカだけ。歴史の経緯を考えれば極めて不当な扱いだ。その扱いを分けることになったのは雄鶏との比較だという。雄鶏が朝を告げる鳴き声は凛々しいし、鶏冠《とさか》は色もよく形も引き締まっている。片や七面鳥はどんな鳴き声なのかも大方の人は知らないし、行動ものんびりしている。どちらが人の目を惹きつけるか、わが伊藤若冲の優れた絵画が見事に証明している。その評価を反映してロシアでの年間生産量は世界一のアメリカの五〇分の一に過ぎず、消費量に至っては実に微々たるものだ。

バカの諺から七面鳥の不当な扱いを嘆く話になってしまったが、トルストイの『イワンのばか』などの作品で、正直に生きた者が幸せを摑《つか》んだように、バカ呼ばわりされている七面鳥が、いずれは異民族の仲を取り持った鳥として見直される日が来たらいいなと思っている。

悲しみは海ではないから飲み干せ

Горе не море, выпьешь до дна
ゴーレ　ニェ　モーレ、ヴィピエシ　ダ　ドゥナー

ロシア人と切り離すことができないのが自慢の酒ウォッカだ。ウォッカはロシア語で軽くウォトカと発音する。語源は水なのだが、どうしてどうして水とは大違い。火酒と呼ばれるのにぴったりの酒だ。どのくらいの強さかと言えば、アルコール度四二度。この度数が科学的に一番旨いのだという。嗜好品《しこうひん》になぜ科学的などという表現が付くのかと言えば、ロシアの科学者ロマノーソフがそう言ったのだとロシア人たちは言う。何しろ物理や化学に限らず作家や画家で歴史学者でもあったという万能の大先生で、いまでもロシア一の名門大学モスクワ国立大学が頭に「ロマノーソフ記念」と付けているくらいだ。四二度が科学的にどうして一番旨いのか、そもそも嗜好品で各人各様旨さの感じ方も違うのではないかと問えば、その根拠はロマノーソフ先生がおっしゃったのだという一言から一歩も出ない。本当に大先生のご託宣だったのかも定かではないが、お酒好きが口実に使う

にはうってつけの幅の広い権威者なのだ。

ロシアで活動するにはこの酒との付き合いは欠かせない。一九七〇年、勢いこんでモスクワに赴任し、ウォッカがいかにロシア人の暮らしに染み込でいるかを思い知った。七十年代のロシアはまだ人類の将来は共産主義にありと自信にあふれていたが、共産主義を信奉するあまりに批判勢力には極めて神経質だった。資本主義国からのジャーナリストは警戒対象の最たるもので、中でも映像の力を使うテレビの特派員には厳しい目が光っていた。街角で市民のインタビューをしようとしても、監督官庁の国営放送局の国際局長に手紙やテレックスで許可を申請しなければならない。運が良ければ数日で回答が来ることもあるが、時に一週間経っても返事が来ないことがあった。痺《しび》れを切らして放送局に行き担当者に会って問い詰めると、いま局長が不在でいつ返答できるか分からないと言う。その言い方も慣れたもので、表情は薄笑いを浮かべていると言ってもいいほど意味ありげだ。しかし理由ははっきりしない。

当の国際局長は穏やかな表情の紳士で、会って不愉快な思いをしたことがない。しかし長期不在は謎のままだった。理由がわかったのは後にゴルバチョフが登場してからだ。ゴルバチョフが社会改革の柱に打ち出したのが節酒運動だ。冒頭述べたウオッカ人気でロシア人の健康は蝕《むしば》まれ、男性の平均寿命は六十歳を割る悲惨さだった。モスクワ郊外の世界最大のアル中患者専門病院は鉄格子窓の不気味な施設で常時六〇〇〇人の患者が収容されていた。

酒飲みには飲まない者の気持ちが分からない。反対もまた同じで、ゴルバチョフは国の健康的な将来のために節酒運動を打ち出した。その中で件の国際局長は更迭された。部下の説明によると局長は仕事もでき部下の信頼も厚かった。酒も普段は飲まなかったが、いったん飲みだすと何日間も飲み続け、そのさまは鬼気迫るものがあったという。強調するが何時間ではない、何日間だ。私はその飲酒癖のために仕事が出来なかったこともあった被害者だ。

ゴルバチョフが打ち出した反アルコールキャンペーンの中に、飲酒は午後二時まで禁止、があった。この禁止令が出たとたん、ロシア人が提案してくる食事の時間は例外なく「二時以降開始」になった。ロシアでは昼食がディナーで勢い昼に酒を飲むことが多い。ウォッカの飲み方にはルールがあって、手酌でちびりちびりはダメ。飲む前には一言ぶって乾杯と言う。乾杯はダドゥナー、文字通り底までの意味で、飲み干した後グラスを逆さまにする。飲み干さなければ悪意を残したと嫌われる。まともに付き合えば身体が持たない慣習だが、後に相手に悪意を残さずに酒席にはべる便法を伝授された。残念だが医者に禁止されていると宣言するのだ。元はと言えば自分が飲みたいための慣習だから医者の診断と伝えれば気を悪くさせずに飲んでもらえるというわけだ。長年ロシアに勤務して健康を害さずに帰国できたのは、この架空のお医者様のおかげだ。

Горе не море, выпьешь до дна

ゴーレ　ニェ　モーレ、ヴィピエシ　ダ　ドゥナー

悲しみは海ではないから飲み干せ

登場当時国民の圧倒的な支持を得ていたゴルバチョフが支持を失っていった原因の一つがこの節酒運動だった。一九九一年八月、反ゴルバチョフのクーデターを起こしたヤナーエフ副大統領は、直後に外務省の記者会見室で記者会見したが、机に載せた右手は終始小刻みに震えていた。当時まだソ連の一部だったグルジアは七千年前ワインを人類史上初めて作ったところだとワイン専門書に記載されている。そのグルジア出身のシェワルナゼ外相がロシア改革の重要な役割を担っていたのだが、このワインの名産地もゴルバチョフの運動に同調して葡萄《ぶどう》畑を潰してしまい、復旧には長い時間を費やさなければならなかった。

グルジアはゴルバチョフの退陣でソ連邦が崩壊したあと独立してジョージアに国名を変えたが、節酒政策の後遺症はいまでも根強い。その後遺症を見ていると、悲しみは海ではないから飲み干せというが、現実には指導者の失政は飲み干せないほどの悲しみや苦しみを生んでいると実感する。

仕事は狼《おおかみ》ではないから森へは逃げない

Работа не волк, в лес не уйдёт

ラボータ　ニェ　ヴォールク　ヴ　レース　ニェ　ウイジョート

何回読んでみても何を言おうとしているのかさっぱり分からないが、これがロシア人が一番好きな諺《ことわざ》だという。一体どういうことだ。

ロシアの広報機関にロシア・ビヨンドというのがある。世界中に週に二回ネットと広報紙でさまざまな話題を伝えているのだが、そのテーマには食べ物から文化全般、スポーツから観光まであらゆるものが取り上げられている。使われている言語は欧米の各国語に加えてアジアでは日本語とインドネシア語が入って、全部で一四の言葉で発信を続けている。世界に発信と言いながら中国語やインドの言語が入っていないのは不思議だが、とにかく二〇一七年からずっと続いているから人気のあるサービスだということだろう。

二〇二二年七月に発行された紙面にロシア人が一番好きなもの十選という特集があった。多くの

Работа не волк, в лес не уйдёт

ラボータ　ニェ　ヴォールク　ヴ　レース　ニェ　ウイジョート

仕事は狼ではないから森へは逃げない

人たちにアンケートを取った結果だとの触れ込み。食べ物では薄焼きのパンケーキ・ブリヌイ。太陽の輝きを連想させて春を迎える食べ物として欠かせないものだが、これにイクラを乗せて食べるブリヌイ・ス・イクロイは私も大好き。これぞロシアと思う食べ物だ。文学作品ではトルストイの『戦争と平和』、映画ではソ連時代の一九七五年に作られた『運命の皮肉』。酔っ払いが、画一的なソ連の住宅事情を背景に繰り広げるラブコメディで、いまでも大晦日の深夜番組の定番になっている。僅少差で映画の二番人気がロシア映画人協会の会長のニキータ・ミハルコフ監督の『シベリアの理髪師』。セビリアではなくシベリアですからご注意。アメリカとロシアが絡んだ荒唐無稽な森林開発の話に、ロシアの若い将校とアメリカ人の魅力的な女性の恋物語が絡んで笑いと涙を誘い、一九九九年ロシアでは空前のヒットを記録した。アメリカでも上映されたが、アメリカ軍人の文化的な無知を笑った作品だと、公開が一時延期されたいわく付きの映画だ。

ロシア人のジェスチャーで一番人気は首に指を当てポンポンと弾く動作。一言も発しなくてもこれは「一杯いこうよ！」という抵抗し難いサインだ。そんなロシア的なものの代表十傑の最後が諺。諺がロシア人の暮らしにしっかり根を下ろしていることの証明とも言えるが、その中でダントツ人気があるのが冒頭の不思議な諺だという。

狼は人の気配を感じると身の安全を考えて身をかくす。だから狼を捕まえようとするなら仕事も何もかも放り出して追いかけなければならないという、誠に散文的な表現だ。ロシア語の響きもダントツ一番人気になるようなものではない。なぜだといろいろ当たってみると、この諺がロシアの大方の人たちの労働についての心情を的確に表現しているからだという。ロシア人の怠惰、怠け癖のルーツを表したものと解説する人もいた。仕事はいつまでもあるからあくせくしないで気楽にいこうという意味だという。

はておかしいではないか。これを世界中に伝えているのはロシアの広報機関の一つだ。ロシア人は怠けものだというのはどう考えても広報にはならないだろう。ただアンケート調査の結果では一番人気だ。思い至ったのはあまり素直ではないロシアのメッセージ伝達方式だ。この結果を逆手にとって宣伝に使ってやろうと考えたのではないか。

ロシア・ビヨンドは最後に人気あるもの十点のおまけだと断って「最もロシア的なロシア人」を加えている。アンケート調査結果ではその人物はウラジーミル・プーチンだったと。プーチンに続いては詩人のプーシキン、人類初の宇宙飛行士ガガーリン、作家のトルストイ。怠け癖の諺のおまけに世界注目の指導者を持ってくるのはコントラスト効果を狙ったなかなかの深慮ではないかという私の読みだ。広報紙が最後に、「あなたはどう思いますか?」と付け加えているところがいじらしい。

人には生まれたところがふさわしい

Кто где родился,тот и годился

クトー　グジェ　ラジールシャ、トット　イガジールシャ

この諺《ことわざ》が浮かんだのは二〇二二年七月テニス界の大スター、マリア・シャラポワに初めての赤ちゃんが誕生したというニュースが流れたからだ。

彼女はウクライナやチェルノブイリ原子力発電所事故との因縁があるだけでなく、プーチン大統領が始めたウクライナに対する軍事侵攻でも特異な行動をしている。ロシアは二重国籍を認めているから、ロシアの軍事行動が世界中から非難されている時に外国籍を取っても何の不思議もないのだが、彼女にはその気配は全くない。

彼女が生まれる前両親はベラルーシに住んでいた。ロシア・ウクライナの戦争報道で位置関係が知られることになったが、ベラルーシは一九八六年原子力発電所の爆発事故が起こったウクライナのチェルノブイリのすぐ近く、放射能の汚染がひどい地域だった。放射能の影響を恐れた両親は西

Кто где родился, тот и годился
クトー　グジェ　ラジールシャ、トット　イ ガジールシャ

人には生まれたところがふさわしい

シベリアのチュメイニに避難したが、その時彼女は四カ月の胎児で、原発事故一周年の直前に生まれた。四歳からテニスを始めたがその運動能力に両親も周辺の人たちも驚き、両親はテニスのメッカ・フロリダで本格的な教育を受けさせることにした。

両親が旅費を工面し、彼女の才能を見抜いたコーチの応援を得て七歳の時父親とフロリダに飛んだ。母親ぶんの旅費はなかった。テニスにはコーチにも学校にも金がかかる。父親は慣れないアメリカで懸命に働いてシャラポワのテニス修行を支えたが、さすが世界の名だたるプレーヤーを輩出している環境の中で、シャラポワの才能を見抜いて支援をする人も出て、恵まれた環境で世界のビッグプレーヤーが育った。その後ウィンブルドンを史上二番目の若さ十七歳で勝ち抜き世界のシャラポワになった。名プレーヤーとしてだけではなく、一八八センチの魅力的な容姿に服飾業界などからも引っ張りだこになったことはご存じの通りだ。

あまり知られていないのは彼女が二〇〇一年十四歳の誕生日にプロデビューしてちょうど三年後の二〇〇四年四月に、草津での国際女子オープンで優勝したのがプロとしての初優勝だったこと。日本での優勝をスタートに世界四大大会を始めとして世界にセンセーションを巻き起こしたが、もし「日本での優勝が原点だ」

という彼女の発言が日本に広まっていたら、錦織圭や大坂なおみ以前に日本にもっとテニスブームが起こっていたかもしれない。

彼女は二〇二二年七月一日イギリスの実業家との間の第一子を出産した。

赤ちゃんを夫と二人で抱きかかえた写真には「私たち小さな家族にとって、何よりも美しく、生きがいをくれる最高の贈り物」とのメッセージがそえられていた。彼女の表情はコートの上やファッション誌で見せるものとはまったく違って、素直で柔らかな幸せ感に溢れている。

テニスと家庭の関係については二〇二〇年に引退を発表した際に「子供を産んでから競技に復帰することはない」ときっぱり言い切っている。彼女について世界の関心は国籍の問題だ。彼女は住む場所も広く活動する地域もロシアではない。にもかかわらず、ロシア国籍を離れることも、二重国籍の権利を生かして他の国の国籍を取る気配もない。ロシアがウクライナに侵攻を始めたとき、彼女は世界のメディアや団体からロシアの行動について意見を求められた。二週間後になってようやくインスタグラムで、「戦いで危険にさらされるウクライナの家族や子供たちのニュースを目にして心を痛めている」と伝えたが、プーチン大統領やロシアを非難はせず、ウクライナの人たちのために寄付をすることを明らかにした。

国籍問題について彼女は引退表明の五年前にアメリカのテレビインタビューで、二重国籍を取ることを考えたこともないときっぱり否定していた。「国籍の問題について一度も自分自身で考えたこともないし、家族やチームと話したこともない。ロシアの風土や文化の中で、子供のときにすでに私の人格は作られ、不屈の精神もそこで育まれた。だからロシアの国籍だけを持ち続けて生きることを私は選んだ」と。

彼女がロシアを離れたのは七歳の時だ。こんなにしっかりした気持ちが生まれるものだろうかと疑問も浮かぶ。しかし彼女がお母さんから受けた教育の話を聞くと、その影響が彼女の精神の骨格を作ったことが良くわかる。

母エレーナさんはシャラボワがロシアを出てから二年後にようやくアメリカに渡り再会することができた。七歳の少女が母親から離れてテニスの激しい訓練に明け暮れた二年間をシャラポワは「人生で一番辛く寂しい時期だった」と述懐している。母の愛に飢えた娘に二年ぶりに再会した母親は、母語の文章の書き方話し方を教え、たくさんの本を一緒に読み、美術館や博物館に出かけ、ロシアの芸術を伝授したのだとシャラポワが語っている。

私は母エレーナさんの写真を見たことはないが、シャラボワが赤ちゃんを抱いて見せた穏やかな幸せに溢れた表情は、多分二年ぶりにフロリダで娘に再会した時の母親の表情と同じだったのではないかと想像している。人には生まれたところがふさわしいという諺がすんなり私の頭に浮かぶのだ。

第5章

善人と悪人

~来ないより遅れるがまし

手が手を洗う

Рука руку моет
ルカー　ルーク　モーエット

ロシアはもちろんだが世界のいろいろな地域を訪ねてみて日本人のようにまめに手を洗う習慣にはお目にかかっていない。日本人はトイレの後は言うに及ばずだが、食事の前や外出から帰った後など、本当に頻繁に手を洗い、住宅でもレストランや公共の施設でも手洗いの場所に困ることはまずない。

その習慣を世界に急速に広めたのがコロナ騒ぎだ。コロナ以前に外国の街でマスクをしていると疑いの目で見られたものだが、コロナが世界の人々の習慣をガラリと変えてしまった。二〇一〇年ギリシャのアテネで日本人観光客の団体と一緒に土産物店に入るのを断られたことがある。そのとき世界で新型インフルエンザが流行っていて団体客の大部分がマスクをしていたからだ。日本人はマスクをしていたが当時のヨーロッパではまだマスクは多用されていなかった。コロナの流行後か

Рука руку моет
ルカー　ルーク　モーエット
手が手を洗う

и обе белы бывают
イ　オーベ　ベールイ　ブイバーユット
そして両手が白くなる

ら考えると嘘《うそ》のような話だ。マスクのように目立たないが手洗いも同様に世界の人々の暮らしを変えている。

ロシア版の手が手を洗うという諺《ことわざ》はそんな清潔感とは反対の、悪者同士が互いに庇《かば》い合うという意味合いが強い。手が手を洗うと言った後に「そして両手が白くなる」と付け加えることがあるのもそのためだ。

ロシアはマフィア社会だとよく言われる。マフィアは仲間を裏切らない。お互いに助け合う。確かにロシア社会にはその傾向がいろいろな場面で見られる。手を洗って綺麗《きれい》にして悪いことにも口をつぐんでしまうという側面がないわけではないが、ロシアがマフィア社会だと言われる理由を知るには、ロシアがとてつもなく大きな田舎だと考えるとよい。

日本の人口とそうたいして変わらない数の人たちが、日本の国土の四七倍もある世界一大きな国に住んでいる。人口密度を思えばロシアが偉大な田舎であることが想像できるだろう。

田舎育ちの私だから田舎の暮らしがどんなものかよくわかる。田舎では地域全体が親戚のようなものだ。お互いのことはよく知っていて、助け合うのが当たり前だ。そういう生活には息苦しさもつきまとう。プライバシーも時には犠牲になる。私がいま親しく付き合っている友人に両親が私と同郷だった人がいる。本人は東京育ちなのだが、岡山県出身の女性と結婚しようとしたとき父親から、我が家は代々地元の人と縁組をすることになっていると言われ抵抗すると、あやうく竹箒《ぼうき》で打たれそうになったという嘘のような体験の持ち主だ。田舎で育った私には実感のある話だ。

ロシアで似たような話がある。話題の主は世界に知れた大指揮者ゲルギエフだ。彼が生まれ育ったのは、ロシア最南部で最高峰は五〇〇〇メートルを超えるコーカサス山脈の北側人口七〇万の北オセチア。両親ともにオセチア人だが、才能を認められてサンクトペテルブルクの名門音楽大学を卒業し、カラヤン指揮者コンクールで最優秀賞を獲得して世界に羽ばたく大指揮者になった。

三十四歳の若さでロシアの誇るマリインスキー劇場の総支配人に選ばれた。まだ独身だったが彼に思いを寄せる女性はいたし、彼が憎からず思っていた女性もいた。劇場の運営が軌道に乗って結婚の話になった。子供の頃に父親を亡くした彼は母親思いだった。彼が外国公演でも終演後にサンクトペテルブルクの母タマーラさんに電話をするのを何回も耳にした。結婚話が起こったときタマーラさんが言ったという。「で、結婚後は家では何語で話すの？」お母さんにロシア語の不自由はない。だが少数民族の中でもオセチア人は誇りが高く、言葉も守っている。この一言でゲルギエフは結婚を延ばし、後に故郷で凱旋《がいせん》公演をした時知り合った音楽学校の後輩の女性ナターシャさんと結婚した。こんな下世話な話を知っているのは、その凱旋公演を私はオセチアで取材していたからだ。

その取材でも痛感したのは人々のつながりの強さだ。単に同郷というだけではない。オセチア人の一人に日本人の私が敬意を持ち、はるばる日本から取材にきていることを知ると、一族から大統領に至るまで私を仲間として迎えてくれた。その温かさは、多少胡散臭《うさんくさ》い話が絡んでいてもそんなことは問題にもならないという暗黙の掟があることを感じさせる。ゴッドファーザーでお馴染みのイタリアマフィアもシチリアの貧しい島の人々の暮らしの中から生まれた。こちらの方は手を洗って白く綺麗にしてしまう方が強調されているが、ロシアの大地の上で人々がお互いに助け合って生き延びている姿を想像すれば、マフィアというよりロシア語でいうズナコームストヴァ（知己、コネクション）という表現の方が現実味があるかも知れない。

仲間と言えば最近プーチン大統領の欠点についてロシア人がこんな話をしていた。大統領は人とのつながりを大切にするあまりに、客観的な目で見たときに、遠ざけた方が良いと思われるような人物もばっさりと切ることが出来ないのだという。私にはすんなり胸に落ちる見方だ。プーチン大統領の出身は諜報《ちょうほう》機関、つまり秘密警察だ。その組織の一番の特質は団結だ。秘密警察に分裂があっては組織は成り立たない。

街で喧嘩《けんか》ばかりしていたというプーチン少年に強い影響を与えたのが柔道の師ラフリンさん。ラフリンさんは私と同年の方で、プーチン少年は十三年間柔道の技と精神を学んだ。ラフリン師は大統領を作った人物としてほめそやされた。プーチン大統領誕生から五年後にサンクトペテルブルク郊外でロシア女子柔道のコーチをしていた師に会いに行った。私が大統領はよくやっていますねと水を向けたのに対して師の言葉は印象的だった。「誰もがプーチンはよくやっていると言っている。だが大統領の仕事はすぐに評価できるものではない。何年も経ってから真価が問われるものだ」と。

ラフリンさんはロシア柔道連盟の副会長をつとめ、日本政府から旭日小綬章《きょくじつしょうじゅしょう》の栄誉を受けている。二〇一三年七十五歳で亡くなったときプーチン大統領は師の棺の脇に立ち、死顔を見ながら一時間も立ち尽くしていた。師に向かう姿勢は仲間との関係を大切にする気持ちと通じるものがあるように感じたものだ。

カラスはカラスの目を突かない

Ворон ворону глаз не выклюет

ヴォーロン　ヴォーロヌ　グラース　ニェ　ヴィクリュエト

ロシアでも他の国同様に動物に好き嫌いがある。鳥で言えば好かれていないのがカラス、反対に格好良く憧れのように思われているのがハヤブサだ。この諺《ことわざ》はカラスを悪者に見立て悪いやつは悪いやつ同士で庇《かば》い合うという意味だ。

日本でカラスは真っ黒だと思っていたがロシアでカラスを見て驚いた。大方が黒と灰色の二色で、外見からも明るい印象は受けないが、鳴き声も餌を漁る知恵のある行動も人に好まれない理由ではないかと思う。カラスの評価が低いことはこんな諺にも現れている。

カラスが大邸宅に飛び込んだ

分不相応な暮らしをする人を貶《おと》める諺だ。何もカラスをそこまで嫌わなくてもいいだろうと同情

するが、さらに輪をかけて

怖気付いたカラスは藪《やぶ》も恐れる

と弱虫の代表のように悪しざまに使われている。

日本でもカラスの行状は必ずしも好感をもっては見られていないが、それでも童謡でも歌われているように、ロシアほど嫌われ軽く見られていることはない。もしロシアほど嫌われていたらたとえば女性の綺麗《きれい》な黒髪を「カラスの濡羽色《ぬればいろ》」などと形容する表現は生まれなかったろう。

カラスと対極の高い評価の鳥がハヤブサだ。

ハヤブサは飛び方でわかる

ハヤブサが颯爽《さっそう》と飛ぶように、人の品位も立居振る舞いでわかるという、ハヤブサにとっては大変名誉な諺だ。人の形容にも使われ、ハヤブサのように、と言えば凜々《りり》しいの意味になる。こんな評価だから男女関係にも登場する。

悪魔でも惚《ほ》れればハヤブサ以上

Ворон ворону глаз не выклюет
ヴォーロン　ヴォーロヌ　グラース　ニェ　ヴィクリュエト
カラスはカラスの目を突かない

Залетела ворона в высокие хоромы
ザレチェーラ　ヴォーロナ　ヴ　ヴィソーキエ　ハロームィ
カラスが大邸宅に飛び込んだ

Пуганая ворона куста боиться
プガーンナヤ　ヴァローナ　クスター　バイーツァ
怖気付いたカラスは藪も恐れる

Видно сокола по полёту
ヴィードナ　ソーコラ　パ　パリョートゥ
ハヤブサは飛び方でわかる

Полюбится Сатана лучще сокола
パリュービツァ　サタナー　ルーチシェ　ソーコラ
悪魔でも惚れればハヤブサ以上

ロシアでどうしてそこまでハヤブサが高い評価を受けているのかと考えた時ロシア人が普段の振る舞いでも姿勢を大切にしていることに思い当たった。普段の友達付き合いで気づくことだが、人と対面する時も、たくさんの人を相手にした時でも姿勢に気を遣っている。前屈みになって卑屈に見えるような姿勢は見受けられない。毎回気をつけているというより、子供の頃からの教育で自ずと身についていることだろう。

当然その視線は相手に向けられている。日本の国会での議論などを見ていると、話すときの姿勢や目線に神経を使っているようには思えない。生活習慣の違いだと言ってしまえばその通りだろうが、外の社会に向かった時には姿勢は大切だ。カラスが地上で餌を漁るような姿勢は、発言の説得力にも影響する。格好をつけるという言い方が悪ければ、胸を張ろう。胸を張るためには話の内容にも自信が必要だ。

胸を張ってみても発声が悪いとまたカラスに比較される。

Видом сокол, а голосом ворона

ヴィーダム　サコール、ア　ゴーロサム　ヴァローナ

見かけはハヤブサ、声聞けばカラス

見かけはハヤブサ、声聞けばカラス

最近日本のテレビでスポーツ選手に限らず一般の人たちでも、かなりはっきりとした発声でインタビューに答えているのを見て嬉《うれ》しくなることが多い。だがロシアの人たちが小さい頃からプーシキンなどの名文を暗唱し発声を学んで自然に生活の中で生かしているのに比べるとハヤブサの水準にはまだまだだ。

来ないより遅れる方がまし

Лучше поздно чем никогда
ルーチシェ　ポーズドナ　チェム　ニカグダー

ロシアで長く暮らしてロシアの人たちのメンタリティーとわが日本人のそれとの大きな違いを日々感じたのは時間に対する観念だ。私たち日本人が時間に対して厳密に行動することは世界で知られていることで、私たちはそれを特別意識してやっているわけではなく、すっかり身についた習慣だ。恐らくその対極の中で暮らしているのがロシアの人たちだ。

そのことを実証して見せようとテレビで実験をした例がある。日本人の他、米、英、仏、中とロシアの同じくらいの年齢の若者に集会の案内を出す。集会の趣旨を魅力的な楽しみに設定したうえ、集合の時間を指定して、隠しカメラを設置して集まり具合を記録した。定刻前にやってきたのは日本人。イギリス人は定刻通りにそしてフランス人も中国人もアメリカ人もそれほど遅れずに集まってきた。集まった若者たちが賑《にぎ》やかに談笑するシーンをカメラが捉えているのだが、ロシア人は一

Лучше поздно чем никогда

ルーチシェ　ポーズドナ　チェム　ニカグダー

来ないより遅れる方がまし

向に現れない。結局姿を見せたのは定刻を一時間近く過ぎてからだった。

驚かせたのはロシア人の若者たちの登場の仕方だ。遅れの言い訳をもせず、賑やかに談笑していた先着の皆のなかに悪びれもせずに溶け込んだ。遅れたのがわが同胞だったらどうだろう。冷や汗を拭き頭を下げ言い訳を繰り返して謝り、小さくなって参加する姿が浮かんでくる。ロシアの人たちの時間に対する姿勢を鮮やかにみせてくれたいたずら実験だった。

ロシアに最初に赴任したのは一九七〇年、その赴任が私の初めての外国体験だった。外国人の行動様式を全く知らない者がロシア時間の現実を知った時のショックを想像してみてください。

その国で都合三回通算十二年にわたって暮らして、ロシア時間が身についた。と言っても私自身がロシア的時間で暮らしたのではなく、ロシアの人たちの行動様式に寛容な気持ちが養われたということだ。

プーチン氏が大統領になったのは私がNHKを退職し新設の作新学院大学の教授をしていた時だ。ほとんど無名だった元秘密警察職員の彼に世界の目は冷たかった。会った事がなかった私も同じような目線で新大統領を見ていたが、時間が経つにつれて様子がおかしいと思った。第一に国民の支持が異常に高い。秘密警察は国民から嫌われる組織なのに。第二に国民の支持を受けて、前のエリツィン時代には一年として税が目論み通りに集まったことがないのに、プーチン政権になってから国民が税金を納めるようになり、初年度から予定額を上回るという珍事が起こった。ロシアからの報道だけでは理由が理解できない。会ってみなければならないと、古巣での職業癖が頭をもたげた。とは言ってももう一介の教員、先方は大国の大統領、会いたいと言って会えるものではないことは承知だが、私には長年付き合って信頼関係ができた仲間が報道関係だけではなく各界にいる。

二〇〇二年の暮れからロシアにいる知人たちの他、奥志賀に一緒にスキーに行ったパノフ駐日大使にも気持ちを伝えた。半年後の二〇〇三年五月下旬夜中に電話で起こされた。電話の主は私に「間に合いますかね?」と言う。大使の声と分かって目が覚めた。大統領がお会いすると言っている。ただし三日後だと言う。間に合うも間に合わないもない。大使館もヴィザを直ぐに出してくれて何とか会見予定の前日五月二五日にモスクワ入りした。日本からカメラマンを連れてゆく余裕はなく、NHKモスクワ支局からカメラマンを出してもらった。当日指定の午前一一時前クレムリンで厳重な検査を受け会見予定の部屋に案内された。暖炉の前で話し合う設定ができていた。待つこと二時間、大統領がクレムリンに来られなくなったので公邸に来てほしいと告げられた。公邸はクレムリンから西へ二〇キロの森の中にある。一般の車は入れないので政府の公用車で駆けつけた。会見予定の部屋には椅子が用意されSPが待機していた。一時間、二時間、ビスケットと紅茶のサービスを受けて待つ。三時間ほど経って大統領が来ることが分かった。それまでのんびりと構えていたSPがシャキッとしたからだ。

ポロシャツ姿で現れた大統領は、貧しい家庭に生まれ不良仲間と遊んでいたが、柔道と出会って師の教えを受け、国のために働く決意をしたという身の上話をした。楽しい話に予定の一時間はあっという間に過ぎた。大統領は報道官がもう時間だと促したのも制して、私を柔道場にも案内して楽しそうに話した。その表情を大統領付きのカメラマンがばっちり記録してくれた。

かくして誰が考えても不可能な会見が実現したのだが、そのことは後に山下泰治さんと共著で出版した『プーチンと柔道の心』（朝日新聞出版）に譲って、ここでお伝えしたいのはロシア人の時間に対する態度だ。

プーチン大統領は他の国の要人との会見でも時間に恐ろしくルーズだとの悪評が定着している。相手を待たせてイライラさせ会談に臨む手口だと解説してくれる人もいる。私は別な見方をしている。大統領自身が興味を抱けば約束の時間も消えてしまうのではないかということだ。私と会った日に初公式訪問をした中国の胡錦濤《こきんとう》総書記を待たせたことは後から知ったことだ。この初公式会談でプーチン・胡錦濤両首脳は中ロ両国が一五〇年にわたって解決できなかったアムール河周辺の領土問題解決で合意し、これを機に両国の政治・経済の関係は飛躍的に発展している。恐らく首脳会談前には基本的な合意が出来上がっていたのだろう。その準備があったから私と少年時代の思い出や柔道談義に耽《ふけ》ったのではないかと思う。

遅刻常習犯だったプーチン大統領が二〇二二年二月のウクライナ侵攻以降明らかに変化を見せているのに気がついた。この事態をめぐって各国の首脳や国際機関の要人がプーチン大統領と会談しているが、彼は予定の時間に遅れるどころか、トルコのエルドアン大統領との会談では逆に待たされる場面まであった。

来ないより遅れる方がまし、という諺《ことわざ》はロシアの人たちがよく口にするが、プーチン大統領の人を待たせる悪癖がウクライナへの軍事侵攻以降変化している背景を分析すれば、事態の行方を占う材料になるかも知れない。

味と色に同志なし

На вкус и на цвет товарища нет

ナ フクース イ ナ ツヴェト タヴァーリシチャ ニェット

この諺《ことわざ》の意味は日本での十人十色というところで、世界中に同じ趣旨のものがある。ここで取りあげるのは「同志」という言葉がロシアだけでなくロシアと他の国々との関係の歴史的変化のきっかけを教えてくれたからだ。

「同志・タヴァーリシチ」という言葉は一九一七年の共産革命以前には商品取引の仲間を呼び合うものだったそうだが、革命政権はこの言葉を心を一つにして共産主義を目指す仲間の意味に採用した。志は一つだから職業にも階級にも性別にも関係なく使われることになった。最高権力者スターリンもフルシチョフも頭に「タヴァーリシチ」をつければそれですべてすんだ。

だが現実には共産主義政権下の社会は恐ろしく不平等だった。共産党員になること自体が上流階級に入ることを意味し、その中でのポストによって住宅から病院さらにはデパートの売り場まで区

На вкус и на цвет товарища нет

ナ　フクース　イ　ナ　ツヴェト　タヴァーリシチャ　ニェット

味と色に同志なし

別されていて実態はおぞましい差別と選別の世界だった。

ロシア人や共産圏の人たちへの呼びかけは同志にすべて統一されていたが、共産圏以外の外国人には「ガスパジン」が使われた。強いて日本語に該当する言葉を当てはめれば「旦那」ということになる。私のような若造の新米特派員に対しても同じだ。

その関係が変わり始めたのは一九八五年にロシアにゴルバチョフ政権が登場してからだ。ゴルバチョフは開かれた社会を標榜し、情報公開を掲げ、外国からの放送への電波妨害をやめて、外国からの情報が増え、共産圏を指導するロシアとその指導に従う東欧共産圏諸国という関係が変化を見せ始めた。

ゴルバチョフ登場の二年後一九八九年一〇月、共産圏の優等生と評されていた東ドイツが建国四十周年の記念式典を東ベルリンで行いゴルバチョフも式典に駆けつけ、私も同行した。世界各国の特派員が取材するゴルバチョフの記者会見で仰天する出来事が起こった。東ドイツの党機関紙ノイエス・ドイッチュラントのモスクワ支局長が会見冒頭でゴルバチョフに「ガスパジン ゴルバチョフ！」と呼びかけたのだ。体制の違う国の人に呼びかける「旦那」だ。会見場はざわめきゴルバチョフは一瞬ひるんだがすぐに苦笑いを浮かべて「改革が手遅れになると一生罰せられる」という趣旨のことを喋《しゃべ》った。この東ドイツ紙のモスクワ支局長は新聞社の中で最高幹部の一人だ。この記者会見での発言は共産主義陣営の将来の姿を十分計算して行ったものだったと思う。

後にロシア外務省のゲラシモフ情報局長が漏らしたところによると、ゴルバチョフがホーネッカー議長に共産圏の改革を訴えたのに対して議長はまるで「子供・マーリチック」の話を聞くような態度であしらっていたという。ゴルバチョフは東独の党幹部に改革の必要性を訴えて慌ただしく帰国した。これを受けて東独指導部の中では書記長のポストを巡る争いが起きたが、結局ホーネッカーが退陣し、ナンバー・ツーだったクレンツが書記長になった。ゴルバチョフは直ちに新書記長をモスクワに招いた。呼びつけた、と言った方が適切かもしれない。一一月二日クレムリンでの長い会談の後、クレンツは外務省の会見場に現れた。ゴルバチョフが何を伝えたのか、会見場一杯の記者団の前でクレンツは明らかに興奮していた。彼はベルリンの壁について問われ「東西の人の流れを自由にするつもりだ」と明言した。私は質問した。「人の流れを自由にするならベルリンの壁は必要ないのではないか?」と。これに対して彼はいかつい顔を紅潮させ、ほとんど怒鳴り声で言った。「君は東西冷戦の現場を知らない。来て見ろ!」と。私は無知を叱られた格好になったが納得したわけではない。

後日、東ベルリンでゴルバチョフに「旦那」と呼びかけた東独党機関紙のモスクワ支局長が私にクレンツ訪問の記事が載った新聞を届けてくれた。一面に太字の見出しで「日本人記者カツオ・コバヤシをベルリンに招待」という見出しが踊っていた。もちろん支局長自身が書いた記事だ。

ノイエス・ドイッチュラント紙モスクワ支局長の言動に端的に見られるように、ソ連と東ヨーロッパ共産圏のメディアとの力関係はゴルバチョフ政権の後半からはっきりと変わってきた。それまでは東欧諸国の特派員たちは会見場で後ろに座り、質問もロシアに卑屈に配慮したものばかりだったが、次第に前列に陣取り、遠慮のない質問をするようになった。「同志」という言葉はソ連崩壊とともにご用済みになった。「同志」が入った諺は共産主義陣営の凋落《ちょうらく》と世界の国と民族が多様性に向かって変わる転換点を鮮明に思い出させてくれる。

信じよ、だが確かめよ

Доверяй но проверяй
ダヴェリャーイ　ノ　プラヴェリャーイ

響きよく簡潔で非常に頻繁に使われる諺《ことわざ》だが、教えている重点は「確かめよ」にある。この諺の実力を知ったのはソ連崩壊の前後だ。ロシアにはサンクトペテルブルクのエルミタージュ美術館やモスクワのプーシキン美術館など世界に冠たる美術館があり、膨大な所蔵品を目当てに世界から旅行者がやってくる。例えばエルミタージュを訪れる外国人はコロナ以前には年間五〇〇万人、サンクトペテルブルクの人口と同じだ。いまでは所蔵品は三百万点を超えているが、その所蔵品には戦争がからみ、未だ所有権の争いが続いているものも少なくない。

そんな美術品の一部が公開されたのが一九九五年四月の印象派の作品七十四点の「知られざる傑作展」だった。作品はいずれを取っても世界に知られた傑作ばかりだったが、第二次世界大戦中に行方不明になっていた。戦火で焼かれたという説もあったが、実はドイツの金持ちのナチス党員オットー・クレプスが密かに収集し秘蔵していた。大戦の張本人ヒットラーは自身が画家を志したことは知られているが、印象派の絵画を毛嫌いしていたためクレプスは収集した作品を地下室に厳重に隠していた。

その作品がなぜ急にロシアに現れたのか。そこにこの諺のいう「確かめよ！」の教えがある。ロシアはクレプスが秘蔵している情報をつかんでいて、ナチスドイツ敗退の直前に美術専門家を含めた特別部隊を編成し、作品をごっそりロシアに運んでいたのだ。その存在は半世紀にわたって秘密にされていた。ソ連が崩壊したのが一九九一年、このナチス党員によるコレクションがそっくりロシアに保存されていることが明らかにされたのはそれから四年後。公表に時間がかかったのは、ロシアが旧体制に逆戻りしないという確認をしたためだとピオトロフスキー館長は説明した。まさに諺通りの用心深さだ。

特別展示は一九九五年四月「知られざる傑作展」と銘打ち外国の専門家も参加してエルミタージュ美術館の特設会場で開催された。外国メディアだけでなくロシアの新聞も「戦利品の公開」と呼んだ。開会式に出席したドイツ総領事は「優れた作品が展示されるのは喜ばしいが、ドイツは所有権がロシアにあるとは認めていない」と釘を刺した。ルノアールが自分と夫人をモデルにした「庭にて」、ゴーギャンの「姉妹」、ドガの珍しい油彩「コンコルド広場にて」などコレクターが優れた

Доверяй но проверяй

ダヴェリャーイ　ノ　プラヴェリャーイ

信じよ、だが確かめよ

眼力の主であることを証明する作品ばかりだ。作品の立派な図録の表紙にはゴッホの小品「井戸と家のある風景」。画集を編集したコステネーヴィッチ学芸員によると浮世絵の影響を強く受けた作品だという。彼は公式にはロシアに存在しない「戦利品」の保管を担当して三十年余り、作品がもう存在しないという研究結果が発表されるたびに、「ここにある！」と叫びたくなる衝動に駆られたと笑いながら振り返った。

七十四点の傑作はいまエルミタージュ美術館本館前の広場を挟んだ半円形の優雅な建物にほかの印象派作品と一緒に展示されている。かつては軍の参謀本部だったが、冷戦の崩壊で建物にふさわしい住人を得た。だが、その作品は外国で展示される見通しはない。所有権は未だに解決していないからだ。

ゴルバチョフの登場はもう一つモスクワでも驚きの美術界事情を教えてくれた。マーク・シャガールは帝政時代のロシアの田舎町ビーチェフスク（現在のベラルーシ）生まれ。サンクトペテルブルクで美術を学び、ロシア革命から五年後パリに移住して世界中に注目される活躍をするのだが、ロシアの共産政権は故国を捨てた者には冷たい。ソ連時代の百科事典には「ロシア生まれのフランスの画家」

と紹介されているだけでほとんど無視されてきた。

改革を唱えるゴルバチョフがロシアの指導者になって二年後の一九八七年、美術にも理解がある文化基金の理事でもあったライサ夫人の力で、モスクワのプーシキン美術館でシャガール生誕百年記念の特別展が開催された。出品された作品は学生時代の習作から、お馴染みの男女が手を繋いで田舎の空を飛ぶ作品など二百六十九点。圧巻のシャガール展だったが驚いたことに展示作品の八十五点がロシアの国立美術館が所蔵しているものだった。共産主義政権のロシアを捨てた画家の作品を捨てられた国の美術館が密かに収集し保管していたのだ。その采配をしたのが保守の牙城のように言われていた文化省だというから、頭は混乱する。ロシアを「確かめる」には途方もなく長生きをしなければならないと教えてくれた出来事だった。

悪口は襟にはぶら下がらない

Брань《ブラーニ》 на《ナ》 вороту《ヴォーロトゥ》 не《ニェ》 виснет《ヴィースニェット》

この諺《ことわざ》は「人の噂も七十五日」と同じ意味で、実力行使を伴わない悪口は、いくら言われてもいずれ忘れられるものだから気にすることはないという教えだ。それを真剣に考えさせる出来事があった。二〇二一年四月就任ほやほやのバイデン米大統領がアメリカＡＢＣ ＴＶの報道番組でインタビュアーから「プーチン大統領は殺人者だと思うか？」と問われたとき、大統領は一瞬、間を置いて「イエス！」と答え、重ねてのインタビュアーの確認にも同じ答えをした。最初の問いに対する答えまでには一瞬の間があったから、何か勘違いがあったのかとも思われたが、重ねての確認にもはっきりと「そうだ」と言っているから、勘違いや誤解ではない。

インタビューを見て私はしばし混乱した。世界の二大超大国の一方の国のリーダーが他方の最高責任者を人殺し呼ばわりして、果たしてこれから世界はどうなるのだろうと不安な気持ちになった。

多分まともな政治家であれば内心はともあれ、世界中に報道されるテレビ番組で公言する言葉ではないだろう。ロシア側がどう反応するか。ロシア外務省はアメリカ駐在大使をロシアに呼び戻した。この二十年余りで初めてのことだそうだから、当然両国関係は悪化するに違いないと考えた。問題は人殺しと名指しされたプーチン大統領の反応だ。

プーチン大統領は翌日テレビに登場した。そしてバイデン大統領に「お達者で！」と呼びかけた。この言葉「ブッチェ　ズダローヴィ」はロシアの人たちの間で頻繁に使われる。まずくしゃみをした人にはこの言葉で軽く挨拶する。くしゃみの挨拶以外にも「気をつけて」「お達者で」という意味で使われるが、一般的には強い立場の人が老人や病人など弱い立場の人たちに向かって言うのが普通で、国の最高権力者に向かって使う言葉ではない。そのロシアの習慣を踏まえてプーチン大統領の反応を見ると、大使の召喚という大袈裟《おおげさ》な措置とは別に、腹の底ではバイデン発言をまともに受け取っていないと感じられた。

プーチン大統領は、お達者での後、地球温暖化といった世界的規模の問題について、二人で話し合おうと直近の日時を指定して提案をした。相手にすぐに応じる態勢ができないことを十分承知の上での人の悪い提案だ。だがこの殺人者対お達者のやりとりがすぐに実質的な成果を生んだ。両者の発言から一週間もたたないうちに両大統領が電話で直接会談したことがわかり、さらに二カ月も

Брань на вороту не виснет
ブラーニ　ナ　ヴォーロトゥ　ニェ　ヴィースニェット

悪口は襟にはぶら下がらない

経たない六月一六日ジュネーブでの首脳会談が実現した。

会談は三時間に及んだが、両首脳は共同記者会見をしなかった。それぞれの大統領が別々に記者団に語ったことを検討してみると、話し合いが何か大きな問題の突破口になるような形跡は見られなかった。人殺し発言について問われたバイデン大統領は「首脳会談には関係ない」と逃げた。

バイデン大統領が「プーチンは殺人者」発言をした時にロシアのウクライナ侵攻を予見していたかどうかを知る術はないが、形の上では発言から十カ月で現実になってしまった。この諺の日本版「人の噂も七十五日」、こちらは日本人の淡白な国民性を表しているように思う。「人殺し!」「お達者で!」とやりとりをした大国の指導者の発言から今日の険悪な情勢を見て、世界の分裂が解消される時期を予見することはできない。日本の海の外に、諺と違って怨念が簡単には消えることがない世界があることを痛切に感じさせる深刻な諺だ。

第6章

悲観と楽観

～凍えた顔に吹雪の吹き付け

顔で水飲むわけじゃなし

Не《ニェ》 с《ス》 лица《リツァー》 воду《ヴォードゥ》 пить《ピーチ》

ロシアの人たちが人と対面するときの姿勢や目線に気をつけていることはほかの諺《ことわざ》の中でも触れた。この諺は表面的な格好の良さや端正な姿に迷わされてはならないと教えているが、この言葉を聞くと私が真っ先に思い浮かべるのはゴルバチョフに影響を与えロシアの改革を主導したアレクサンドル・ヤコブレフ補佐官だ。ゴルバチョフの外交政策を支えたシェワルナゼ外相とともに、経済から民主主義の根幹に至るまでゴルバチョフの改革政策を支援した人物で、ペレストロイカの三人衆の中で際立って世界観の広い人物だった。

容貌も際立っていた。表現するのは難しいが大きな丸顔でロシア人の一般的なイメージとはかけ離れていて「重厚な顔」などと表現されていた。端正とはほど遠いが、惹《ひ》きつけられる顔だった。第二次世界大戦に従軍して砲弾を受け傷痍兵《しょういへい》として退役し、モスクワの北東ヴォルガ川に面したヤロスラーヴリ州の教育大学を卒業。五〇年代の終わりには米ソの交換留学生の一人としてコロンビア大学に留学した経験もある。共産党宣伝部副部長だったときロシアの民族主義を批判してカナダ大使に飛ばされた。明らかな左遷だったが、〝良いことのない悪いことはない〟の諺通りこれが彼の飛躍の跳躍台になる。カナダのトルドー首相と親交を深め、ヤコブレフ大使の見識に感激したトルドー首相が息子にヤコブレフのファーストネーム、アレクサンドルの英語名アレクサンダーをつけたというエピソードもある。そして運命の転機になるのはソ連の農業政策の担当になったゴルバチョフ書記がカナダ視察に訪れたことだ。

ソ連の農業政策は悲惨な失敗だった。それは農地を見れば私にもはっきり分かった。農地は全て国の管理になり、農地を取り上げられた農民はいわば勤め人の農業従事者になった。作物の出来不出来も自分には関係なく、時間だけ農場に出ていれば仕事は終わりという農業がいかに悲惨なものだったかは想像できるだろう。農場に行ってみると広大な農場の隅に農民の住む住宅があり、荒れ果てた農地とは対照的にその住宅の周りだけは作物が青々と成長していた。住宅の周り六〇〇平方メートルは自留地と呼ばれ、農民はここで作った作物を自由に処分することが許されていた。農作物だけではなく鶏や豚、山羊などの家畜も飼うことができた。サラリーマン農民がどちらの働きに力を入れるか？　言わなくてもわかる話だ。

Не с лица воду пить
ニェ　ス　リツァー　ヴォードゥ　ピーチ
顔で水飲むわけじゃなし

かくしてソ連の食糧供給はカナダやアメリカ頼りになる。

「共産主義は画期的な農業を開発した。ロシアで種を蒔《ま》き外国で収穫する方式だ」。そんな小話が流行する中でゴルバチョフとヤコブレフがカナダで運命的な出会いを果たした。農業を初めとして全ての分野でロシアの改革が必要なことを二人は確認しあい、ゴルバチョフが一九八五年春に最高指導者になるとヤコブレフを補佐官に任命してロシアの立て直しを図ることになる。

私がヤコブレフ補佐官と直接知り合うことになったのはゴルバチョフ・ヤコブレフ・シェワルナゼのコンビが登場して一年半後の一九八六年一〇月アイスランドのレイキャヴィックで行われたゴルバチョフ・レーガン首脳会談の時だ。会談への期待は大きく、NHKも大取材団を組織し、パリから小型機をチャーターして乗り込んだ。行ってみるとなんとレイキャヴィックは小さな町だ。世界から集まる取材陣を収容するホテルはなく、私たちに割り当てられたのは建設中の高校の寄宿舎だった。シャワーがあるだけということにはそんなに不満はなかったが、この機会にロシア側の取材をきちんとやりたいと思い一計を案じた。

ロシア代表団は町で最大のサガホテルに陣取っていた。何とか潜り込めないか。

ホテルの支配人に掛け合うと、部屋は空いているがロシア代表団の貸し切りになっている、もしロシア代表団がOKするなら部屋を提供しても良いと言う。即座にロシアの記者証を見せて大丈夫だと勝手に確約し、部屋を確保した。

代表団はヤコブレフ補佐官も含めて最上階のレストランでくつろいでいた。突然私が入っていったのでみんなが驚いた。報道官がどうしたのだと言う。「いや、先ほどレイキャヴィックに着いて道に迷った。ホテルがあったので入ったら皆さんがいたというわけ」。皆がどっと沸いた。こうなると細かいことは言わないのがロシアの面白いところだ。それから代表団の動きを追っていると、ヤコブレフ補佐官が重要な役割を果たしていることがヒシと感じられた。随員や記者団が待機しているホールに、杖をついてヤコブレフさんが入って行くと空気がピリッとするのだ。

ゴルバチョフ・ヤコブレフ・シェワルナゼを中心に進められてきた改革政策が国民や世界の期待のように急速に進むはずもなく、その不満の高まりとともに共産党や軍、農業団体などの抵抗が目立つようになり、一九九〇年暮れには外交担当のシェワルナゼが突然「独裁がやってくる」と演説して消えた。一心同体だと思われていたヤコブレフ補佐官も翌年七月に辞任した。ゴルバチョフを見出した人物と言われていたのになぜ辞任か、裏に何があるのか。

八月上旬私はモスクワ市庁舎に事務所を構えたヤコブレフさんを訪ねた。狭い一室に小さな机と電話があるだけの貧弱さ。クレムリンの執務室とは雲泥の差だ。一枚飾ってあった写真は孫のイワン君だと言った。辞任は四月にゴルバチョフが訪日した帰りの特別機の中で手紙でゴルバチョフに伝えたという。「大統領は共産党の保守勢力や軍の影響を受け、私の言うことには耳を傾けなくなった。ゴルバチョフは危ない。危機が来る」というのがインタビューの最後の言葉だった。

これを私はすぐに伝えるべきだった。しかしそのときメインニュースNC9のキャスターが夏休み中だった。ヤコブレフさんの警告はメインキャスターに伝えて欲しいと思い、出稿を保留した。そして八月一九日にゴルバチョフ追い落としのクーデター事件が起こる。ヤコブレフさんの警告の放送の機会は失われた。

物事にタイミングが大切なことをいう諺は、「全ての野菜に旬がある」で紹介したように、あらゆる場面で重きをなす教訓だが、私は知恵者の歴史的な警告をタイミングよく伝えるのに失敗した。その原因は仕事の成果を派手に見せようというケチな根性からだった。ゴルバチョフの改革政策の失敗も残念だが、ヤコブレフさんの〝重厚な顔〟は私の痛恨の失敗をいまでも苦く思い出させている。

凍えた顔に吹雪の吹き付け

Мёрзлой роже да метель в глаза
ミョールズロイ　ロージェ　ダ　メチェーリ　ヴ　グラザー

日本でよく使われる「泣きっ面に蜂」とか「雨降れば土砂降り」をロシアで表現すればこうなるという諺《ことわざ》で、ロシアの気候の厳しさを思い出してしまう。私がモスクワで過ごした十一回の冬で一番寒かった体験はマイナス四〇度だったが、この厳寒はモスクワでも毎年あるわけではなく、普通はマイナス二〜三〇度止まりだった。その寒さでも地域暖房が完備しているから住宅の中ではシャツ一枚で過ごせるような暖かさ。しかし外にでるときは防寒をしっかり整え、二重のドアを開ける際には息を止め気合を入れなければならなかった。うっかり油断してドアを開けた途端に厳寒の空気を吸い込むと呼吸が止まってしまうような厳しさだった。

そんな体験とともにこの諺を聞くと頭に浮かぶのはナポレオンの顔だ。ヨーロッパを制圧したナポレオンが次に征服を狙ったのが大国ロシア。一八一二年六月、七〇万の大軍でロシアに攻め入っ

Mёрзлой роже да метель в глаза
ミョールズロイ　ロージェ　ダ　メチェーリ　ヴ　グラザー
凍えた顔に吹雪の吹き付け

た。各地で激しい戦いもあったが、開戦後にロシア軍の指揮官を引き継いだクツーゾフ将軍の作戦は厳しい冬を想定しての退却焼土作戦。一方ナポレオン軍は補給部隊を持たず食料は行く先々での収奪に頼っていたから兵士の士気は低く脱走兵も多かった。

ナポレオン軍がモスクワに到達したのは九月一四日。モスクワの夏は短い。九月の声を聞くと雨も多くなり冬は足早にやってくる。ナポレオンがモスクワ入りしたのはそんな時期だ。兵力は一一万に減っていた。モスクワで食料調達を目論んでいたナポレオンの目の前に広がっていたのは焦土作戦で燃え上がるモスクワだった。ナポレオンが立ったのはモスクワで一番高い雀が丘。眼下にモスクワ川が蛇行して流れ、その先に市街地が広がっている。

ナポレオンが立った場所はいま観光客や新婚さんが訪れる名所で、私も時間があると愛犬を連れてでかけたものだ。いまは眼下に発展するモスクワの市街地や教会、大スタジアムなどの平和な風景が広がっているが、その全域が燃え上がっているのを見たナポレオンの心の内は想像を絶して屈折したものだったろう。しかしナポレオンは強気だ。三回にわたってサンクトペテルブルクのロシア皇帝に和議の申し入れをするが、焦土作戦を決めたロシアが応ずるはずもない。入城から一カ月後ナポレオンは撤退を命じる。

撤退は凄惨を極める。ぬかるんだ雨の後にはマイナス三〇度にもなる凍てつく大地、食べ物はなく、軍馬も食い尽くされ、三カ月にわたる地獄の撤退でロシアの国境を越えられたものは七〇万のうち僅かに二万、五体満足な兵士はごくわずかという惨状でナポレオンの野望は終わりを告げた。時に師走の一四日。ロシアに攻めいってから半年の出来事だった。ナポレオンはその十日前に衛兵を連れ橇《そり》でロシアを逃げ出している。

半年の戦争で失われた人命は一〇〇万を超え、町は破壊された。張本人のナポレオンは失脚の憂き目に遭う。彼が死ぬまで幽閉された大西洋の孤島セントヘレナ島を客船から眺めたことがあるが、断崖絶壁の上に緑地が食パンの頭のように載っている島で、さすがナポレオンも脱出不可能だったことがわかる。片やロシアでは作戦の指揮官クツーゾフ将軍が英雄となり、配下の主な軍人たちはサンクトペテルブルクのエルミタージュ美術館に一室を与えられ、その肖像画が部屋一杯に飾られている。

ロシアの歴史でこの戦争は「祖国戦争」と命名された。時を経て一九四一年六月二二日ナチスドイツはロシアに侵攻し、四年にわたる戦いが始まった。ロシアはこの戦争を格上げし「大祖国戦争」

と呼び愛国心を鼓舞して戦った。犠牲者は民間人も合わせると三〇〇〇万人にのぼる。ロシア人の愛国心をくすぐるのにこの二つの戦争以上のものはない。

ナポレオンのロシア侵攻がロシア語とフランス語にそれぞれ新しい単語を産んだ。フランス語には日本でもお馴染みのレストラン〝ビストロbistro〟。これはロシア語の〝急げ・быстроブィストラ〟が元の言葉。戦場で急かされる兵士の姿が浮かぶようだ。

ロシア語になったのはшаромыжкаシャラムィシュカ、乞食、ペテン師という意味だがフランス語の「cher ami 親愛なる友」が元の言葉。戦場で飢えてロシア人に卑屈にそう呼びかけて食べ物を恵んでもらおうとしたナポレオン軍兵士の惨状がこんな形でロシア語になって残った。ご丁寧に、人にたかるという動詞にもなっている。フランス兵士が使った言葉は踏んだり蹴ったりの無様なロシア語になっていて、まさに諺通りだ。

ナポレオン侵攻の「祖国戦争」については文豪トルストイの小説『戦争と平和』が定番で、これを元に映画化されたのがボンダルチュク監督主演の同名の作品。一九六五年から三年かけて作られた四部作七時間の大作でアカデミー外国語映画賞も受賞している。

日本では、パリに駐在したことのある通産官僚出身の両角良彦氏の『1812年の雪 モスクワからの敗走』一九八〇年筑摩書房刊が事実を簡潔に整理していて面白い。第二十九回の日本エッセイスト・クラブ賞を受けている。

死は二度はないが一度は避けられぬ

Двум《ドゥヴム》 смертям《スメルチャム》 не《ニェ》 бывать《ブイヴァーチ》, а《ア》 одной《アドノーイ》 не《ニェ》 миновать《ミナヴァーチ》

報道の仕事で外国に勤務する喜びは優れた人たちと直接知り合うことだ。モスクワやウィーンで十二年も特派員生活をして帰国後も何回も長期出張で特別番組の取材を担当しその役得をとっぷり味わわせていただいたと感謝している。今回の主人公、バレリーナのマイヤ・プリセツカヤ長期密着取材もそのひとつだ。

彼女を知ったのは報道規制が厳しいモスクワでの仕事に憂鬱な気分になっていた時だ。気晴らしにバレエでも観るかと出かけたボリショイ劇場で観たのがプリセツカヤの踊るサンサーンスの「瀕死の白鳥」だった。優れた芸術は無知な者の目を開かせる。バレエ芸術に関心のなかった私は、一つの踊りが人間の一生を表現できるほどの力を持っていることを思い知らされた。

その後幸運にも恵まれた。彼女を日本に招いていたプロモーターが彼女を連れて我が家にやってきたのだ。日本食が大好きな彼女を喜ばせるためだ。家内はなけなしの日本食、冷凍のマグロ、粉末で作る豆腐、ひじきの煮付けなどでもてなした。彼女はあきれるほど食欲旺盛で、食事が終わるとそっけないくらいさっさと帰っていった。

当時彼女は四十五歳、普通のプリマなら引退している年齢だが、まだ現役でロシアの誇りだった。最高の栄誉・人民芸術家の称号を持ち、外国の要人がモスクワを訪問すると彼女の踊りをボリショイ劇場の貴賓席で見るのが習わしだった。中国の毛沢東主席、キューバのカストロ首相、日本の鳩山一郎首相も同じ体験をしている。

優れた踊り手がしばしば亡命騒ぎを起こしている中で彼女はロシアに留まりロシア文化の宣伝役を務めていた。ドキュメンタリー番組にしたい願望が湧いた。モスクワに二回目の駐在になった時プリセツカヤに話を持ちかけた。ロシアはゴルバチョフ時代になりロシア人の外国人との接触も問題なくできるようになっていたが、毎回返事はダメ！　理由を尋ねると答えはこうだ。「私を撮った映画やドキュメンタリーはたくさんある。だが一つとして満足できるものがない。みんな同じようなものでしょう。だからダメ！」　そんなやりとりを何回したことか。

結局夢が実現しないまま私が帰国して四年後の一九九九年の夏、チャンスは偶然やってきた。彼女に惚《ほ》れ込んで結婚し、以来私生活も音楽も彼女のために尽くしてきたのが作曲家のロジオン・シ

Двум смертям не бывать,
а одной не миновать

ドゥヴム　スメルチャム　ニェ　ブイヴァーチ、
ア　アドノーイ　ニェ　ミナヴァーチ

死は二度はないが一度は避けられぬ

Кто смелый, тот два съел

クトー　スメールイ、トット　ドゥヴァー　スイェスト

勇敢な者は二人前食べる

チェドリン。プリセツカヤが、彼と出会っていなかったら私はない、と断言するほどの関係だ。その彼の作曲したヴァイオリン協奏曲を、ロストロポーヴィチ指揮でロンドン交響楽団が公演するという。こんな機会を逃す手はない。ロンドンに飛んでバービカンセンターでのリハーサルに顔を出した。客席にはプリセツカヤ夫妻と私だけ。一番後ろの席に彼女を誘って番組作りの話を蒸し返した。耳元でのひそひそ話だ。彼女の拒否の姿勢は変わらなかった。

リハーサルが終わって舞台に上がりロストロポーヴィチに挨拶した。マエストロが「お前たち何をこそこそ話していた？」と言う。音楽家の耳は鋭い。私の説明が終わるや否やロストポーヴィチが言う。「マイヤ、受けてやれ。俺のドキュメンタリーも作ったが、こいつの作るものは面白い」。この一言に反論はなかった。私はすぐにピカデリーサーカスの三越にあった日本レストランに予約を入れ、寿司やすき焼きで盛り上がった前祝いの様子は想像していただこう。ロストロポーヴィチも大食いだが、彼女も負けない。諺《ことわざ》にいう「勇

敵なものは二人前食べる」は彼女も同じだ。今度は食事が終わってすぐにサヨナラとはならなかった。

撮影はボリショイ劇場と、バルト三国の一つリトアニアのトラカイ郊外の森林地帯にある別荘、トラカイの古城でのバレエ祭と決まった。聞きたいことはいっぱいある。彼女の父親はスターリン時代にアメリカのスパイ容疑で銃殺された。兄がアメリカに住んでいるというだけの理由だ。母親もシベリアの強制収容所に長く閉じ込められていた。そんな圧政の中で多くの有能な踊り手が欧米に亡命していた。彼女はその気持ちにならなかったのか。彼女は言う。「私にとっては踊りが全て。ボリショイ劇場のステージの微妙な傾斜や音響などが身体に染み付いて素晴らしい。外国で踊ってそれがわかる。それに私が外国公演の時には必ず夫のシチェドリンは国内に残された。出発する前に監視役から必ず脅されたの。ご主人に万一のことがないよう気をつけて、と」

取材の時彼女は七十五歳になっていたが、トラカイのバレエ祭のための振り付け指導では若いソリストがとても真似できないというシャープで優雅な動きを見せていた。長いインタビューで彼女は、どんな状況に置かれてもバレエを磨き続け、新しい作品に挑戦していたことを生き生きと語った。その時に私に向ける大きな目が意思の強さを感じさせた。私も長年の願いを実現することができて達成感があった。作品は「時を超え、国境を越え〜マイヤ・プリセツカヤ　二十一世紀への証言～」として二〇〇〇年一月放送された。録画を見た彼女からファックスが送られてきた。〝シェデーヴルШедевр・傑作！〟と大きく書かれ、長い手紙がついていた。

彼女は瀕死の白鳥をロシアだけでなく世界各地で六〇〇回は踊ったという。観客に死を味わせたのはそれだけ多数だが、一度だけの避けられない死の時がやってきた。二〇一五年五月二日、住んでいたミュンヘンで八十九年の生涯だった。夫妻には子供がいない。プリセツカヤが踊り続けることを希望し、シチェドリンも同意したうえでのことだと聞いた。遺言で遺骨は将来夫君と一緒にロシアの大地に散骨されるとボリショイ劇場が発表している。

初めてのブリヌイはただの団子

Первый блин-комом
ペールヴィ　ブリン　コーマム

字面だけ見ていると何のことかさっぱり分からないが、これが「失敗は成功の元」という極めて教訓的な諺《ことわざ》と同じ意味でロシアに根付いているという話。ブリヌイはご存じロシア料理の薄焼きパンケーキ。小麦粉や蕎麦《そば》粉と牛乳やケフィール（ヨーグルト）を混ぜ合わせてイーストで発酵させ、フライパンで丸く薄焼きにしたロシアの国民的料理。普通直径一〇センチから二〇センチで丸く暖かく輝く太陽に擬えられ、毎年二月下旬には春を迎える食べ物として欠かせないものだ。二月下旬というのはキリスト教の復活祭前の断食期間・四旬節が始まる前に十分栄養を蓄えておくという宗教的な意味があるのだそうだ。ロシアの人たちの暮らしぶりを見ていると、そういう宗教的な伝統とは関係なく、ひたすら長い冬から抜け出す喜びと期待を込めて食べているように見える。そしてその太陽への憧れは一年中変わることなく、年間を通じて愛されている。ブリヌイが嫌い、苦手と

Первый блин-комом
ペールヴイ　ブリン　コーマム

初めてのブリヌイはただの団子

いうロシアの人に会ったことはない。

ブリヌイは複数形で一枚だとブリンになる。食べ方はひどく柔軟で好きな物を乗せる。サワークリーム、ジャム、蜂蜜もよし、イクラと合わせると太陽に輝きが入って舌も目も堪能させてくれる。さらにキャビアを合わせれば高級料理になり、気取ったパーティーなどでは欠かせない一品だ。私の好みはサワークリームを薄く伸ばしその上にイクラを載せる食べ方。ソ連時代、缶詰のイクラはそれほど高価ではなくモスクワで三歳まで育った長男はお手伝いさんに「アカ、アカ！」としきりにねだり、彼女も得意料理で喜んで注文に応じていた。

ついでにロシア語では魚の卵は全てイクラと呼ばれる。鮭《さけ》の卵が赤いイクラ、チョウザメの卵キャビアは黒いイクラと呼ばれる。日本のように魚の種類によって卵の呼び方が変わるのはさすが海洋国日本ならではの豊かさの表れだ。

この諺にいう団子という言葉は泥や雪に使われるもので役立たずのものという意味で使われる。ブリヌイという国民食と対比させることで、最初の料理の失敗に恐れてはならないという教訓を表現している。この意味の諺は世界各国にあるが、失敗は成功の母というようにストレートに表現されていて、食べ物で同じ意味を伝えるものは見当たらない。ロシアだけがこの食べ物で同じ教訓を教えているのは、いかにブリヌイがロシア人の暮らしに欠かせないものかを示している。

同じようにロシアの食卓に欠かせないものにペリメニがある。小型の丸い餃子と考えればよい。小麦粉と卵を水や牛乳で練った生地を薄く伸ばし、牛や羊、豚などのひき肉を包んでゆでて食べる。ブリヌイに負けず劣らずロシアの暮らしには欠かせない料理だが、ブリヌイとは違った二つの特徴がある。一つは保存食になること、そしてもう一つはウォッカ飲みには欠かせない料理だということ。

ロシアの家庭ではブリヌイを大量に作り冷凍庫に保存する。冷凍庫がなくても冬の厳しさで二重窓の窓枠と窓枠の間の空間は結構な冷凍庫になる。ロシア人の家庭のペリメニパーティーに招かれたことがあるが、ペリメニが前菜かと思ったら大間違いで、初めから終わりまでペリメニで乾杯が続いた。とても柔な胃腸の持ち主に耐えられるような生易しい飲み会ではなかった。最近のペリメニ事情を友人に聞いたらいまはイタリア系の企業が進出して工場で大量生産したものがスーパーなどに豊富に出回っていて人気があり、主婦の負担はだいぶ軽減されているという。

ロシア人のウォッカのつまみの十傑に数えられるペリメニだから、諺にも登場しているのではないかと調べてみたが見つからない。ブリヌイ絡みがあってなぜペリメニはないのか？　この疑問を

Без блина-не масленица
ベズ　ブリナー　ニェ　マースレンニツァ

ブリヌイなくして謝肉祭はなし

ロシア人に出したところ、しばし考えた上での回答は次のようなものだ。ブリヌイは人の心に染み込んだ食べ物だ。なぜならまず宗教的な意味がある。キリストの復活を祝う復活祭を前に設定されている断食の前には欠かせない料理で、これを食べる時には多少の差はあれ皆が精神的な気分になる。「ブリヌイなくして謝肉祭はなし」という諺さえある。その上この料理の色は優しく心を癒す太陽の色で心まで入り込む。

かたやペリメニは色も味気なく、ウォッカとの結びつきが強烈すぎる。人に教訓を垂れるような立場にない、という解釈だ。そう言われれば確かに私の数少ない体験でもペリメニパーティーは男たちが酔うためのもので、主婦が忙しくペリメニを茹でてテーブルに運び続けていた姿が蘇る。同じ人気の食べ物だがペリメニは前向きな教訓を垂れられるような立場になく、むしろ悪しざまに罵られないだけでも良しとしなければならないのかも知れない。

仕事は終わった勇敢に休め

Кончил дело гуляй смело
コーンチル　ジェーラ　グリャーイ　スメーラ

ひどく元気がよく、労働と遊びを分けてケジメよく暮らしている人たちを連想するかもしれないが、私はこの諺《ことわざ》を聞くと金曜日の午後は仕事にならないロシアの人たちの暮らしぶりを思い浮かべる。勇敢に大胆に遊べという後半の言葉に力点があって、仕事のほうはどうも影が薄く思えるのだ。

事情はこうだ。ロシアは週休二日制だが、私の長い体験では週休二日半制と言った方が現実に近いと思う。金曜日の午後に仕事の約束をしようとしてもよほどのことがない限り不可能だ。特に四月から五月にかけて日が長くなり、青葉が芽を吹き始めたらもう金曜午後にロシアの人と一緒の仕事は絶望と言っても過言ではない。

理由はダーチャだ。この言葉は別荘と訳されるが、その大部分は日本人が連想する別荘とは大違いで、都市の郊外の森林原野の中に手作りで建てられた掘っ立て小屋というのに近い。もちろん日

Кончил дело гуляй смело

コーンチル　ジェーラ　グリャーイ　スメーラ

仕事は終わった勇敢に休め

本語の語感の別荘以上の立派なものがないわけではないが、それは限られた人たちのものだ。では都会に住む人のうち何パーセントくらいの人たちがダーチャを持っているのか？　はっきりした統計はないのだが、まず身近に付き合っていたロシア人の中でダーチャを持たない者はほとんどいなかった。モスクワに住む人の半分くらいはダーチャを持っていると教えてくれた人もいた。

　大袈裟《おおげさ》な推定ではないかと思われるかも知れないが、決して事実とそれほど乖《かい》離《り》した推定ではないことをプーチン大統領の行動が示している。ロシアは五月一日のメーデーから九日の対独戦勝記念日を含めて十日以上の飛び石連休が続く。いつも大所高所から発言するプーチン大統領が二〇二一年この飛び石連休を前にテレビでひどく身近な要請をした。この時期に公共交通機関は都会を離れて郊外や地方にゆくダーチャ族の人たちで大混乱する。郊外電車やバスは本物のすし詰め状態になる。プーチン大統領は国民にこの混乱を起こさないよう呼びかけたのだ。もちろんコロナの感染が一向に収まらない状況を踏まえてのことだ。こんな問題で大統領が人々に呼びかけるのは聞いたことがない。ということはこの時期の公共交通機関の混乱が一部の市民の問題ではなく、国家的なものであることの証明とも言える。都会に住む人の半分くらいがダーチャを持っているだろうという推定を裏付けている発言とも言えるだろう。

私は水道も電気もあるダーチャにはお邪魔したことはあるが、掘っ建て小屋に近いダーチャには招かれたことがない。ロシアが外国人向けの広報をしているSNSが最近「ダーチャに行ってはいけない」という変なリポートを載せた。その理由として事細かく説明されているのは次のようなダーチャの実態だ。まず辺地にある。たとえ車で行っても道路は悪く、電車やバスを使っても駅からは何時間も歩かなければならない。当然水道はないから水の確保も大仕事だ。半年以上空き家になっていた小屋の修理も大変だ。トイレ事情はご推察に任せるが、小屋の周辺の雑草刈りだって重労働だ。周辺を耕して野菜や果物の種を蒔《ま》き苗を植えるのはダーチャ暮らしの醍醐味《だいごみ》だが、その激しい労働の後に風呂はおろかシャワーもない。食べ物も問題だ。近くに商店があるわけもなく、家から運んできた食料で毎日を過ごすことになる。もっと恐ろしいのは日暮れとともにやってくる蚊の大群との戦いだ。こんな調子で一般のダーチャ暮らしを外国人向けに紹介しているのだ。

なるほど親しくなったロシア人たちが外国人を招きたくなるような環境ではなさそうで、長くモスクワに暮らした私でもその実態を知らないのは当然だと納得した「広報」だった。駐在員仲間たちに尋ねてみても、皆私と同様で、知っているのはモスクワ近郊の整備された別荘地帯にある別荘で、その別荘でバーベキューをやり、歌や卓球に興じたというようなものばかりだ。

　ではなぜそんな環境のダーチャライフを多くの人たちがやっているのか。半年以上暗い冬を過ごす北国の人たちが太陽に持つ憧れを、日本に暮らす人たちには理解できないだろうが、モスクワの長い暗い冬を体験すればよくわかる。夜が明けるのが一〇時、午後三時を過ぎればもう暗くなるのが北国の冬だ。三月を過ぎれば日照時間は駆け足で長くなるが太陽の光は弱くまだ寒い。でも太陽が出ると気温が十数度でも人々は公園の中の芝地や池の辺りで思い切り肌を露出し身体中に光を浴びる。四月末になると木々が一斉に芽を吹く。モノクロの世界が急激に緑に変わる。待ちに待った太陽の季節だ。不便はあっても自然にどっぷり浸かってお日様の下で暮らしたい願望はロシアの人々の遺伝子になっているのだろう。

　この諺は仕事を立派にやったら次には盛大に遊ぼうという気分転換の喜びを表現したものだが、長い冬を過ごす人たちが日照時間が長くなると共に急激に緑になる自然の中にどっぷりと浸かって過ごしたい気分が伝わってくる。締めの単語、勇敢に・смелоスメーラは、大胆に勇敢にという意味だが、群がってくるヤブ蚊の大群もなんのその怯《ひる》まず勇気を奮い起こして、と解釈すれば実情に合うように思う。前段の「仕事は終わった」は「仕事はほったらかしても」と表現した方がロシアの人たちの本当の気持ちに近いのではないか。夏の間の金曜日には仕事にならなかった私の体験から出た意地悪気味な結論だ。

神様お願いしますより神様ありがとうの方がよい

Лучше слава богу нежели дай богу

ルーチシェ　スラーヴァ　ボーグ　ニェージェリ　ダイ　ボーグ

ロシアの人たちと話していて戸惑うのは神様が入った感嘆詞が飛び出した時だ。中年以降の女性の口から飛び出すことが多い。同じ神様だが、バンザイを付けるか、よろしくと言うかで意味が大きく違ってくるのは当然で、私にはこの感嘆詞を咄嗟《とっさ》に区別し理解することは難しかったが、ロシアの人たちは器用に使い分けている。この諺《ことわざ》は、神様にお願いをするよりも、まず自らが努力して願い事を達成し、その後で神様にも感謝しなさいと、安易な神頼みを戒めている。

このことをはっきり知ったのは諺について書こうと考え始めた最近のことで、この諺を知るとロシア社会の変化を理解するのにぴったりだと気がついた。

諺を共産主義の時代、ついでゴルバチョフのペレストロイカの時代、そして共産主義政権が崩壊し自由主義国になったエリツィンの自信喪失時代、そしてプーチン大統領のロシアに当てはめてみよう。

共産主義時代は宗教が目の敵だった。なにしろ共産主義が世界で最も優れた人間の叡智《えいち》だという発想だから、当然のことながら頼るべきは神様ではなく共産主義でなければならないという発想になる。だが人々が何世紀にもわたって作ってきた社会から急に神様が消えるわけがない。共産党は教会を潰し、北極圏などの伝統ある修道院を政治犯の収容所にしていた。建物が残った教会は集団農場の石炭やじゃがいもの倉庫になっていた。建前の上では信教は自由だから、数少ない教会は生き残っていたが共産党の介入はいかんともしがたく、聖職者には信者が嫌悪感を感じるような人物を任命するよう工作し、修道院で修行をしようとする若者からも優れた人材は排除するよう、教育現場でも共産党の介入が行われていた。

ある時知り合いのロシア国営放送の中堅幹部が上司に呼び出され叱責されたのを知っている。その人の娘が教会で結婚式をあげたことを「示しがつかない」と非難されたのだ。ロシアで教会で結婚式をあげるには長い準備がいる。日本でまま行われている形だけの教会結婚式は不可能だ。教会に通う実績をあげてはじめて教会で司祭の執り行う儀式を受けることができる。国営テレビ中堅幹部が、娘さんが日ごろ教会に行っていたことに気がついていなかったはずはないと思うが、彼は知らなかったと親の監督責任を認めて謝罪したと言っていた。

そんなエピソードを思い浮かべながらロシア社会の変化に宗教を当てはめてみると、まず共産主義至上のスターリンにはクレムリンのすぐそばで一〇〇メートルを超える威容を誇る大教会聖ハリストス大聖堂が気に入らず、共産政権樹立から十四年後の一九三一年爆破して破壊した。跡地に共産主義者が集う大会宮殿を建造する計画だったが、何回建設を試みても失敗する。共産党はモスクワ河畔で地盤が悪いからだと言い訳をしたが人々はバチが当たったのだと信じたと記録は伝えている。

スターリンの死後一九六〇年に跡地には広大な屋外温水プールが完成した。温水プールは私も利用したことがあるが、なんとも罰当たりな施設だった。すぐ向かいにはプーシキン美術館がある。美術品に湿気は敵だ。その前で一年中夜も昼ももうもうと湯気をあげ続けていたのだ。こんな時代でも人々は、神様お助けを、と声を出して言うことができなかったろう。

ゴルバチョフ時代末期にハリストス大聖堂の再建案が発表され、美術愛好家をやきもきさせた屋外プールは廃止された。聖堂の再建を決めたゴルバチョフの心は「神様お助け下さい」だったに違いない。地盤が悪いという表向きの理由で大建築ができないと言われた土地に、いまはモスクワ一の大聖堂が金色の丸屋根と十字架で市街を見守っている。

そのゴルバチョフを引き継いだエリツィン大統領の十年はまさにお助け下さいの連続だった。し

Лучше слава богу нежели дай богу

ルーチシェ　スラーヴァ　ボーグ　ニェージェリ　ダイ　ボーグ

神様お願いしますより神様ありがとうの方がよい

かしエリツィン政策には神様の御心に叶うような真摯なものは見られない。取り巻きだけが甘い汁を吸い、多くの人たちが困窮し、政権を信頼しなくなった人々は通貨を信用せずインフレは文字通り天井知らず。国民は税金を納める気持ちも失い、エリツィンは取り立てのために覆面に自動小銃で完全武装した税金警察を作って集金に懸命だったが、彼の時代に税金が目論み通り集まった年は一度もない。金が集まらなければ債務や利子の支払いはできない。エリツィン政権は国際的な借金棒引きデフォルトを宣言するという不名誉な記録を作った。神様はお願いされても助けはしなかったろうと思われる乱れた政権だった。

エリツィンに代わって登場したプーチンはツキの男だ。ツキを呼ぶには努力がいる。前政権で税金を取り立てるためにあらゆる物に課税をした過ちを改め、例えば所得税は収入のいかんに関わらず一律一三パーセントとした。当然金持ち優遇税制の非難を浴びるが、現実にはこの方法によりプーチン大統領一年目で初めて税収が目論み通り集まった。大きかったのは国際情勢だ。アメリカ・ブッシュ政権は二〇〇三年五月イギリスなどを誘い込みイラクに侵攻した。フセイン政権が大量殺戮兵器を所有しているという口実だった。その査察のために国連の査察団がすでにイラクに入り調査を終わる直前での軍事行動だった。プーチン大統領、シラク仏大統領、シュレーダー独首相は揃《そろ》って国連の査察結果を待つべきだと猛反対したが、それを押し切ってのブッシュ大統領の行動だった。結果はイラクに大量殺戮兵器は見つからず、軍事行動は明らかな誤りだったが、ロシアには思わぬ恩恵をもたらした。原油の高騰だ。

アメリカの軍事侵攻前一バレル当たりの原油価格は二〇ドル程度だったが、侵攻とともに価格は高騰し一〇〇ドルにまでになって、産油国ロシアには大変な収入増をもたらした。ロシアの最大の国庫収入源は石油天然ガスだ。アメリカから降ってきたようなその増収で長期プーチン政権の財政基盤が固まった。プーチン大統領はロシア正教を大切にしていてクリスマスなど大きな宗教行事には必ず顔を出すが、ブッシュ大統領の失策に諺通り「神様ありがとう!・スラーヴァ　ボーグ」と言ったかどうかは知らない。

目から覆いが落ちるように

Как словно пелена с глаз упала
カーク　スローヴナ　ペレナー　スグラース　ウパーラ

私がモスクワで勤務していた時、消費物資は日本や欧米とは比較にならないほど貧弱で食料品などにも不自由したが、それを補って余りあったのが劇場や美術館だった。いまは入場料も決して安くはなくなったが、当時はまるで嘘《うそ》のような安いチケットで世界一流の音楽やバレエ、オペラに演劇や名画を楽しむことが出来た。ことに美術館は小学生の頃に絵描きになりたいと思ったことがあり、その上劇場と違って自由に動き回り、作品と向き会う時間を気分のままに決めることができるから、生活上の苦労などを忘れさせる嬉《うれ》しいところだった。

その一つがロシアの画家を中心したトレチャコフ美術館。十九世紀半ばに事業で財を成したトレチャコフが自宅の一部を美術館にしたのが始まりで、その後所蔵品が増えるに従って拡張された。一九九〇年には十年がかりの大改築工事が完成していた。モスクワ河を挟んでクレムリン宮殿の対

Как словно пелена с глаз упала
カーク　スローヴナ　ペレナー　スグラース　ウパーラ
目から覆いが落ちるように

岸にあり、プーシキン美術館やエルミタージュ美術館のように仰々しくなく、建物の柔らかい煉瓦色が周囲の景色の中にしっとりと落ち着いて品のいい美術館だ。展示品はロシアの画家のものが中心でロシアの心を知るのにも最適の場所だ。

足繁く通っているうちに中年の女性学芸員チュマクさんと親しくなって作品の裏話などを聞くことができるようになった。新館ができて間もなくの頃、作家の澤地久枝さんがモスクワにやってきて展示されていない作品を見たいと言う。その作品が幸いなことにチュマク学芸員が専門とする画家レーピンの絵だった。日本でも「ヴォルガの舟引き」の画家として知られている。澤地さんが見たいというのはレーピンの奥さんを描いた作品だという。簡単に引き受けたがその作品は展示されていない。所蔵庫に入れてもらうには事前に登録し決められた時間に行き、パスポートを提出して持ち物検査もある。所蔵庫は本館に隣接していて警戒は厳重だ。足を踏み入れて驚いた。高い天井からは自然光が入り、その下に移動式の網のパネルがびっしり並び作品が掛けられている。温度湿度はもちろんしっかり管理されている。チュマクさんがボタンを押して狙いの作品を取り出した。澤地さんと二人で無言のまま絵に見入る。八〇号ほどの油彩はレーピン夫人が革張りのソファで片手を肘掛けにつき顔を支えてまどろんでいる姿。私は主人公が目を開いていない肖像画とはなんとも奇妙だと思って眺めていた。しばらくして澤地さんが沈黙を破った。「苦労していらっしゃったのね！」と言う。私は呆然、意味がわからない。澤地さんの言葉を聞いてチュマクさんが急に饒舌《じょうぜつ》になった。「そうなんです」と説明するには、この絵を描く前にレーピンの絵が売れ出して懐具合が良くなり、レーピンが別の女性と深い関係になって夫人は悩んでいたのだと言う。澤地さんと学芸員は心を通わせて盛り上がり、私はますますわからない。どうしてそんなことが日本から来た作家の初見でわかるのか？　驚く私に二人が指摘したのが手の表情だ。夫人はまだ若かった。しかし女性の心労は手に出るのだという。言われてみれば彼女の手は節くれだっていた。お二人の優れた観察眼から、絵画を鑑賞する新しい視点を教わった。

チュマク学芸員などの努力で新装なったトレチャコフ美術館でレーピン展が開かれた。ヴォルガ河で船を上流に引っ張り上げるぼろを纏《まと》った労働者を描いた「ヴォルガの舟引き」を学生時代に描いて評価され、それからは帝政時代に抑圧に苦しむ人民を描いた革命的な画家と評価されていた。私もそう思っていたし、ソ連の百科事典にも同じことが書いてある。展覧会に出品された作品を見ると、トルストイやツルゲーネフなどの作家や女優やオペラ歌手の肖像画におつにすました貴婦人、それに帝政最後の皇帝ニコライ二世臨席のもとで開かれた帝国議会の模様などで、虐げられた人々などを描いたものは見当たらない。帝政時代に抑圧に苦しむ人民を描いたものがないのだ。

一点、「一九〇五年一〇月一七日」というタイトルの絵があった。この年はロシアで革命の機運が高まった時だ。一月には皇帝ニコライ二世に請願を届けようと行進する一〇万人の労働者の行進に軍隊が発砲し数百人が死亡した。この日は血の日曜日と呼ばれ革命の前触れになった大事件で、この年の一〇月にはゼネストが発生、皇帝は市民の自由と選挙権の拡大を約束する一〇月詔書を出さざるを得なくなった。件の絵はその勝利に歓喜する人々を描いたものだ。やっぱり革命的な画家かと詳細に見ると、描写された人々の目は明確にうつろだ。口を開けて騒ぐ人々の表情や身振りはどう見ても賢くは見えずその人たちに敬意や同情を持って描いたとは思えない。正反対にバカ騒ぎを描いたのだと考えれば納得がゆく。

念のために一九八八年発行の大判のレーピン画集を見た。確かにこの絵は掲載されているが、目が描かれていない下絵だ。目が描かれた完成品を所蔵しているのに画集には載せていない。画集に掲載された三百二十七点の作品に共通の際立った特徴は「目」の描写だ。描かれた目には悲しみや喜び、素直や傲慢、安らぎや不安などが見事に描写されている。その中でただ一点だけ目を描いていない下絵が掲載されているのだ。

画集が発行されたのはゴルバチョフの情報公開が声高に叫ばれていた時だが、しかしまだ誰も共

Глаза-зеркало души

グラザー　ゼールカロ　ドゥシー

目は心の鏡

産政権がその三年後に崩壊するとは予想していなかった。革命にバカ騒ぎをする大衆の目を画集に掲載するのは憚《はばか》られた結果だろう。

一枚の絵でも目から鱗《うろこ》が落ち、一枚の絵から優れた画家の深い心を読み取ることもできる。「目は心の鏡」という諺《ことわざ》もよくロシアの人たちの口にのぼる。美術館は世の中を大きく見る目を養ってくれる道場だ。

第7章

建前と本音

～心は心にメッセージを伝える

七つの苦悩に一つの答え

Семь бед один ответ
セーミ　ベード　アジン　アトヴェート

多くの国や、民族の中で七という数字は幸いなものとして、喜びや祝いの気持ちを表すのにずいぶん広く使われている。ロシアも同じではないかと考えるのは、ロシアの最大の宗教がロシア正教でキリスト教の一派だから当然のことだと思う。

ところが実際には幸運なものとして認められて諺《ことわざ》になっているものは見当たらない。例えばこの諺で強調されている七は多いという意味だ。たくさんの辛酸を舐《な》めても行き着くところはただ一つ〝死〟だから、ぐずぐずせずにやるときは思い切ってやりなさいと教える意味だ。七がたくさん、多いことの代表になっているらしい。その目で七の付く諺を探してみると、そのほとんどが同じ意味で使われ、幸運を表すものは見つからない。次の諺、

七人は一人を待たず

一人がほかの多数の人たちを待たせてはならない、他の人たちに迷惑をかけてはならないと説いている。自分勝手な行動を戒めるなかなか奥ゆかしい諺だが、プーチン大統領を筆頭に多くのロシアの人たちにはこの教えに逆らう行為が目立つ。次の諺もたくさんの意味だ。

七たび測って一度に裁て

衣服を縫うとき生地をいったん切ってしまえばやり直しがきかないから、慎重に何回も測ってから裁断しなさいと説いている。行動を起こす前には十分熟慮をというわけだが、私が知っている多くのロシアの人たちは、そんなに慎重に行動をしていたとは思わない。むしろ〝思い立ったが吉日〟とばかり素早く行動を起こしていた。歴史を考えてみても、共産革命だってソ連の崩壊だってそうだったと思う。だからこそこの諺はロシアの人たちに、慎重に行動せよと説教する意味があると納得する。

七の付く諺でさっぱり理解できなかったのが次だ。

愛する人のためなら七露里歩くも回り道ではない

一露里はおよそ一キロ、広大なロシアでは距離とも言えないほどの短かさだ。そんな短距離を遠回りするのを愛情の深さをあらわす表現に使うのはなんともおかしな話だと不思議に思っていた。七がロシアでは幸運ではなく、非常に多いという意味で使われていることを知ってようやく納得した諺だ。

ではなぜロシアで七がそんな大それた数字になったのか？

この疑問を知識豊富な友人に投げたら、日本にも七が多いことを意味する熟語があると教えてくれた。例えば七転八倒。痛みなどの苦しみを表現するお馴染みの熟語だが、この七はロシアの諺と同じように具体的な回数を指しているのではない。親の七光というのも具体的な親の徳の数を言っているわけではないだろうし、七難八苦という熟語も使われている。なくて七癖という表現もお馴染みだ。この七もたくさんの意味だろう。こんなことを教えてもらいながら七という数字の日本とロシアの共通の発想に親近感を覚えた。

七で他にロシアとの繋がりがないものかと探していて映画ジェームズ・ボンドの００７を思い出した。一九六三年、私が記者になった年に公開された「００７・ロシアより愛を込めて」が空前の

Семь《セーミ》 бед《ベード》 один《アジン》 ответ《アトヴェート》

七つの苦悩に1一つの答え

Семеро《セーメロ》 одного《アドナヴォー》 не《ニェ》 ждут《ジュドゥート》

七人は一人を待たず

Семь《セーミ》 раз《ラス》 отмерь《アトメーリ》, один《アジン》 раз《ラス》 отрежь《アトレージ》

七たび測って一度に裁て

К《カ》 милому《ミーラム》 идти《イッチー》 семь《セーミ》 верст《ヴェールスト》-не《ニェ》 околица《アコーリツァ》

愛する人のためなら七露里歩くも回り道ではない

大当たりをした。いずれはロシア特派員になろうと思って、警察署の記者クラブでロシアの新聞プラウダを読んでいたような私だから、ロシアのスパイをテーマにした映画のヒットは理屈抜きに嬉しかった。００７は国際電話のロシアのコードからつけたのだろうと勝手に思い込み悦に入っていた。後にそのことを記者仲間に自慢げに話したら、「ロシアより愛を込めて」はシリーズの二作目で、国際電話とは何の関係もないとバカにされた。駆け出しで意欲だけが先走っていた新米記者に、思い込みで物事を伝えてはならないと教えてくれた。私にとって〝００７は教訓のナンバー〟だ。

流れた水は戻らない

Пролитую воду не соберёшь

プラリートゥユ　ヴォードゥ　ニェ　サベリョーシ

人の命に欠かせない水に関する諺《ことわざ》はどこの国でも数が多い。この諺は日本での「覆水盆に返らず」と全く同じ。このほかにも「溜まり水は腐敗する」「静かな流れが岸壁を崩す」といった含蓄に富む諺が頻繁にロシアの人々の口にのぼる。ショーロホフの長編小説『静かなドン』、レーピンの名画「ヴォルガの舟引き」、そしてヴォルガ河をはじめ川をテーマにした音楽や民謡は数えきれない。水と人が切り離せないことはいずこも同じだ。

私はその水で強烈な体験をした。ゴルバチョフが共産主義世界の人々の期待を一身に背負って登場して一年後の一九八六年四月、灰色一色の長い冬から抜け出し、ようやく地上に緑が蘇ろうとしている時起こったのがチェルノブイリ原発爆発事故だ。

原子力に全く無知で事故の深刻さも理解できなかった私だが、事の重大性を教えられて取材に走

Пролитую воду не соберёшь
プラリートゥユ　ヴォードゥ　ニェ　サベリョーシ

流れた水は戻らない

り回った。原子力関係者に会い、事故後初の現地取材にも日本記者団の代表として原発の町プリピャチに入った。浴びた放射線量は相当なものだったろう。NHKの原子力専門家に来てもらおうとしたが結局断られ、代わって「止むを得ず現場近くに取材に行った時には帰ってすぐにシャワーを浴びるように」との助言を受けた。

取材の中でどうしても会いたいと画策したのがクルチャトフ原子力研究所の所長レガソフ博士だった。事故の政治的な配慮のない話を聞きたかったのだが、何回アプローチしても拒否された。しかし事故から二周年の直前、博士から連絡がありインタビューが実現した。テレビカメラの取材である。不思議に思った。レガソフ博士は評判通り実直な学者だった。私の質問の中心は事故をどうやって収束させるかという一点。博士は発電所をすっぽり覆ったコンクリートのシェルターもいずれは作り直す必要があるだろうが、それはいまロシアが持っている技術で可能だという。博士が最後に暗い顔で言った一言がいまでも耳に残る。「シェルターはできる。しかし問題は水だ。事故の原子炉を絶え間なく冷却するには膨大な水が必要だ。放射能に汚染された水が絶え間なく出る。その水をどうするのか。いまは汚染水がプリピャチ川からドニエプル河に流れ込んでいる。ドニエプル河沿いには二千万人が住んでいて河の水を頼りにしているのだ」。博士からはその水をどう処理するかについての言及はなかった。

このインタビューから数日後、事故から丸二年の翌日一九八八年四月二七日博士が自宅で遺体で見つかった。自殺だった。後からわかったことだが二周年の日に博士は共産党機関紙プラウダに原発がいくつもの欠陥を持っていたことを詳細に書き送っていた。

東海村原子力発電所の事故では冷却水が貯水タンクに入れられ、巨大タンクは増え続けている。チェルノブイリには保存タンクは並んでいない。外国人の私のインタビューに応じ汚染水について語ったことと自殺がどう関係するのか検証するすべはないが、私にはレガソフ博士の遺言ではなかったかとの思いが去らない。「流れた水は戻らない」。この諺で私が連想するのは原発事故処理の水だ。もちろん日本の汚染水もだ。

心は心にメッセージを伝える

Сердце сердцу весть подаёт
セールツェ　セールツー　ヴェースチ　パダヨート

以心伝心と簡潔に表現されている諺《ことわざ》だが、心が本物でないととんだ笑い話になってしまうことをロシアで教わった諺だ。一九八八年一二月ソ連南部の共和国アルメニアを大地震が襲った。北部を中心に大被害が出て死者は五万人を超えた。北部の町レニナカンや震源地スピタクに入ってみると一面瓦礫《がれき》の山だ。その光景は悲惨だったが、恐怖を感じたのは住民たちが、これは地震ではなく巨大な爆弾によるものだと信じ込んでいたことだ。いや地震だと説明し、地震ではないと信じ込んでいる理由を尋ねると、ラジオなどが例外なく地震だと言っているからだという。ゴルバチョフが言論の自由などを掲げて登場して三年半になり、共産党独裁下の報道機関が、いかに現実と違ったプロパガンダ情報を流していたかを人々は思い知り始めていた。

共産党書記長が町にやってきて住民に暮らし向きを尋ねた。住民は声を揃《そろ》えて言う。「おかげさまでとても良い暮らしをしています」。重ねて書記長は、皆さんは新聞を読んでいるかと聞いた。住民は答えた。「読んでいますとも！　でなかったらわしらが良い暮らしをしていることなどどうして分かりましょうや！」

こんなブラックジョークがささやかれ、人々がお上の流す情報を信用しなくなっていた。大地震災害を核爆弾か何かの人災だと疑うほどになっていた。

それから三年八カ月後の一九九一年八月、ゴルバチョフを排除するクーデター事件が起こる。改革の掛け声ばかりで実質成果を生み出せないでいるゴルバチョフ政権に内部から反旗を翻し、ナンバー・ツーのヤナーエフ副大統領以下秘密警察、軍の幹部が黒海沿岸の別荘で休暇中のゴルバチョフを病気を理由に排除しようとした。幸い首謀者がひどいアルコールの影響下にあり計画も杜撰《ずさん》だったためにクーデターは未遂に終った騒ぎだ。

クーデター騒ぎの当日モスクワのインドネシア大使館でナショナルデーのレセプションが行われ各国大使が集まっていた。話題はクーデター一色で、クーデターの成否に意見は割れた。参加者の中にロシア外務省アジア太平洋局のパノフ局長がいて質問が集中した。ゴルバチョフ側近が沈黙を守る中でパノフ局長の発言に参加者が驚いた。彼がクーデターは失敗する、なぜなら首謀者に能力と信望がないからだと断言したからだ。ニュージーランド大使が反対の見方を述べ、各国大使が取り巻く中でパノフ局長とニュージーランド大使が賭けることになった。掛け金は一〇ドル。小銭だが賭けは賭けだ。おまけに各国の外交代表が集まっている場だ。結果を言えばパノフ局長の勝ち。このやりとりを脇で聞いていたのが韓国の孔魯明大使。彼は初代駐ソ連大使だったが、パノフ局長の見方を支持しすぐにソウルに連絡した。世界注視の賭けで勝馬に乗った孔大使はその後すぐに駐日大使に任命され、さらに一年後には外務大臣に抜擢《ばってき》された。クーデターの時の素早い判断が高く評価されたと言われている。

当のパノフ局長は駐日大使に任命され七年間東京で活躍した。クーデター騒ぎの時、ゴルバチョフ側近と言われていた人たちが日和見《ひよりみ》を決め込んで沈黙していた中で、世界各国の大使の前で失敗の見通しを断言したエピソードでわかるように、肝の座った大使だった。後にその時の心境を尋ねるとパノフ大使は「記者会見で首謀者ヤナーエフ副大統領の手がブルブル震えていたのを見てコバヤシさんだってそう思ったでしょう」と笑った。

大使らしからぬという表現が適切かどうかわからないがこんなエピソードもある。ある時大使が乗った東京に向かう飛行機に、長崎の造船会社の社長と専務が

Сердце сердцу весть подаёт

セールツェ　セールツー　ヴェースチ　パダヨート

心は心にメッセージを伝える

乗り合わせていた。二人はロシア視察から帰るところで、ロシアで見聞したことをあれこれ話し合っていた。前の席に日本語の達者なロシア人がいるとは知らず、相当あけすけの会話だったのだろう。パノフさんが名乗り出ると社長と専務はひどく驚いたが、そこはパノフさんの開けっぴろげな風貌と人柄で二人の会話に仲間入りし、ロシアについての誤解についても率直に話し、日本に向かうファーストクラスのキャビンは賑《にぎ》やかになったという。ハートのこもった話だったのだろう。以来この会社の行事にはパノフさんが常連になった。ある年には長崎県大島町の造船所で行われる社員全員参加の秋祭りにパノフ夫妻が招かれ、ハッピ姿で屋台を楽しみ従業員に溶け込んでいた。私たち夫婦もお相伴に預かったから、大国ロシアを代表する大使と長崎の造船所従業員たちとのまるで隔てのない交流の一部始終をほのぼのとした気分で眺めたことだった。この訪問で立ち寄った有田焼の窯元では社長も大使夫妻も私たちも全員が皿に絵を描きサインして焼いていただいた。皿は毎日使っている。パノフ大使が七年間の最後の東京駐在を終えて帰国するときには造船会社が経営するレストランで賑やかな送別会を開いた。ただひたすら心と心のお別れだった。

パノフ大使は日本を離れた後与党の顧問や外務省外交アカデミーの学長や外交官養成大学として知られるモスクワ国際関係大学の外交官学科長などを務めている。七年間の大使を含め三回通算十五年の日本での活動を総括した著書が『雷のち晴れ－日露外交七年間の真実』(ＮＨＫ出版)。出版の話を聞いて私が書名に『雨のち晴れ』を提案したら、「そんな生やさしい仕事ではなかった」と言って雷に変えた。いまでもパノフさんはロシアに関係する日本のビジネスマンなど幅広い人たちに頼りにされている。心があることが証明されているから長続きしている関係だ。

ゆっくり行けば遠くまで行ける

Тише едешь дальше будешь
チーシェ　イェージェッシ　ダーリシェ　ブージェッシ

共産主義ソ連が崩壊してロシアになり、外国の工業製品が自由にロシアに流れ込んで、ロシア人がまず驚いたのが自動車だった。ソ連時代の国産車に比べ外国からの車の性能が桁違いに良いことを思い知らされた。人工衛星の打ち上げなどはお手の物でロシアは工業先進国だと信じ込んでいたロシアの人たちは、外国車の流入でその自尊心が無残に砕かれた。二〇〇〇年に誕生したプーチン政権はロシアの石油天然ガスなどの輸出で保っている国を本物の工業先進国にしようとしている。スローガンは強いロシアだ。ミサイルや戦闘機、潜水艦など軍事では文句のない先進国だが、民生の分野で強くなって本物の工業先進国になろうというわけで、目をつけた一つが車だ。といっても独自ブランドを一から開発していたのでは時間がかかる。とりあえず外国の優れた自動車メーカーをロシアに誘い込むのが手っ取り早い。目をつけたのはトヨタだ。まず腹心の副首相マトビエンコ女史をサンクトペテルブルク市長に送り込みトヨタ誘致に当たらせた。トヨタのような機能的な工場を模範にして工業立国を進めよという意図だ。

これに対してトヨタがロシア進出に慎重だったのは、ロシア人の働き方が果たしてトヨタ方式に合うかどうか心配があったからだ。「ロシア人は時間をきちんと決めて働くことなどできない」と言ったのはロシア映画界の巨匠ニキータ・ミハルコフ監督だが、その言葉通り週五日制の労働なのに金曜日午後には仕事にならないというのが当たり前だった。

時間通りの働きがなければトヨタ方式の生産はできない。トヨタは工場を作った時に幹部に起用できるような人材の候補者を日本の工場で実習させ可能性を探った。私もトヨタ関連会社の社長会に招かれロシア人の働き方について話したこともある。用意周到に準備を重ね、二〇〇五年に工場建設を始め二年後には年間五万台カムリの生産を開始した。トヨタ誘致に功績のあったマトビエンコ女史はモスクワに呼び戻され、功績によりロシア連邦議会の議長を務めている。トヨタ誘致がいかにプーチン政策に重要だったかを物語る話だ。

Тише едешь дальше будешь
チーシェ　イェージェッシ　ダーリシェ　ブージェッシ
ゆっくり行けば遠くまで行ける

二〇一三年五月二日そのサンクトペテルブルクにロシアが誇るマリインスキー

劇場の新館がオープンした。総裁のゲルギエフが夢に描いていた劇場で、彼の六十歳の誕生日に合わせてオープンの行事が行われ世界各国からのバレエ・オペラ関係のプロモーターが参集し、プーチン大統領も二日間にわたってイベントに付き合った。私が嬉しかったのは、トヨタサンクトペテルブルクの幹部が招かれていたことだ。トヨタの皆さんは芸術の街の歴史的なイベントに大統領と共に招かれたことを喜び胸を張っていた。始業当時年間五万台だった生産台数は二〇二一年には八万台になっていた。

大統領が緻密な作戦で誘致したトヨタだが、二〇二二年九月二三日生産を完全にやめ撤退すると発表した。同じ大統領がウクライナで戦争を始めたために各国がロシアに対して取った制裁措置によって、トヨタは生産に必要な電子部品などを調達できなくなり休業していた。最終的にトヨタは戦争をめぐる情勢好転の見通しが立たないと判断して完全撤退を決めたのだ。誘致に腹心を送り込み、辛抱強く誘致した成果を同じ人物がゼロにしたことになる。

ロシアではこんな諺も耳にする。

急いでやればやり直すはめになる

トヨタが被った被害を考えれば、どんなに甘く考えてもトヨタがやり直すことはないだろう。そのことをプーチン大統領が理解できないはずはないと思うが、この騒ぎから引き出される推論は、プーチン大統領も側近もウクライナ侵攻後の見通しをひどく甘く読んでいたのではないかということだ。

ウクライナ侵攻を開始する九日前の二月一五日私のところに一枚の書類の写真が届いた。その頃アメリカは声高にロシアの軍事行動が迫っていると警告を発していた。送り主はロシアの友人で明らかにアメリカの言動を笑いの種としている文面だった。

軍の紋章の入った一枚で右上に「確認」として大統領の署名。以下こんな行動予定が記載されている。

プスコフ駐留降下部隊　本日の行動予定

○六・○○　起床

○七・○○　洗面

○八・○○　朝食

○九・○○　ウクライナに向け出発

一二・○○　昼食

Наскоро делать- переделывать
ナスコーラ　ジェーラチ　— ペレジェールイヴァチ
急いでやればやり直すはめになる

一三・〇〇　キエフ占領
一八・〇〇　歌手ガズマノフのコンサート
二一・〇〇　祝賀花火
ロシア連邦国防大臣　S・ショイグ（署名）

この書類に出てくるプスコフはロシアの最西部エストニア、ラトビア、ベラルーシに接している州で南はウクライナだ。ロシア軍が侵攻すればウクライナは戦わず歓迎するという筋書きになっている。アメリカがロシアは軍事行動を起こすと連日警告する中、ロシア軍が仮に行動を起こせば、ウクライナの制圧は簡単だと笑うつもりだったのだろう。動員令を出し、若者が徴兵を避けるため国外に逃げ出す混乱ぶりは、二十二年以上も政権の座にあって大した批判勢力らしいものなく、自信過剰の大統領に進言をするブレインがいない状況で、大統領自身にも国民にも慢心があったことを物語っていると思う。不幸なことにやり直すにしても失われた人命は取り戻しようがない悲劇だ。長期政権のおごりと弊害をうかがわせる出来事だ。

紙は何にでも耐えられる

Бумага всё терпит
ブマーガ　フショー　チェールピット

紙にはどんなことも書ける。そして書かれたものは嘘《うそ》でも本当でもどんどん広がってしまうというのがこの諺《ことわざ》の意味するところだ。この諺で真っ先に頭に浮かぶのがロシアの新聞プラウダだ。革命よりずっと前に発刊された新聞だが、紆余《うよ》曲折を経て革命政権共産党の機関新聞になり、共産党華やかなりし頃は発行部数が一五〇〇万部にもなっていた。同じ頃日本の読売新聞が世界の中でも有数の発行部数を誇っていたが、プラウダに比べるとはるかに少なかった。

プラウダと並んで共産政権の宣伝役を担っていた政府の機関新聞イズヴェスチアがあったが、イズヴェスチアは〝ニュース〟の意味、片やプラウダは〝真実〟だからプラウダには到底敵わない。共産党員は言うに及ばずあらゆる組織、団体そして個人もプラウダを読まずして暮らしてゆくことはできないような勢いがあった。論争が起こっても「何月何日付のプラウダに書いてあった！」と言えば勝負はそこで決まった。威力を見せつける新聞だったが、ロシア人たちと付き合っていると次第にその裏が見えてきた。

「プラウダにプラウダ（真実）なし」だとか「プラウダの記事で一番重要なのは紙面の隅に小さく載る記事。それ以上重要なことはプラウダには載らない」といった言葉が耳に入るようになった。そんなことをロシア人が資本主義国日本からの記者に話すようになるには長い付き合いで信頼感が生まれ、それに少しばかりのアルコール飲料の力が必要だった。資本主義国からの記者はスパイだとみなされていた時代だ。

こんなふうに裏でささやかれていたことが見事に証明されたのが一九八六年四月チェルノブイリ原子力発電所の爆発事故の時だ。プラウダはこの事故について丸二日間何も伝えなかった。二日後に紙面の片隅にわずか三行の記事で「チェルノブイリ原発で事故があった。事故は収束に向かっている」と。プラウダの裏の評価がここで見事に証明された形になった。「紙には何でも書くことができる」という意味のこの諺の裏にはでたらめ、嘘も含めてという意味が込められている。

この報道以降プラウダが急速に読者を失っていったのは当然の成り行きだが、プラウダ式の報道は国民に字面を鵜呑《うの》みにしてはならないと、裏を考える力を養ったという皮肉な功績もあった。共産主義ソ連が崩壊してロシアから共産主義が消えたかと言えばとんでもない。二〇二二年時点

Бумага всё терпит
ブマーガ　フショー　チェールピット
紙は何にでも耐えられる

での議会下院四五〇議席のうち共産党が五七議席を占め、第一党の統一ロシアに次ぐ第二党だ。この勢力図は共産主義政権崩壊からこれまでほとんど変わらない。党員は一六万人、共産党機関新聞として生き残っている新聞プラウダの発行部数は一〇万部ほどで、昔日の面影はないけれども、いまロシア国内でも世界でも共産党の影がひどく薄くなっている状況の中で議会第二党をしぶとく維持し続けている不思議を考えてみると、自由主義万能の風潮がおかしいと疑問を持つ者が根強くいるということだ。共産党独裁の時代に機関紙プラウダの報道の裏を考える力を養われたロシア人が、今度は結構づくめの自由主義報道の裏に頭を使うようになっていることを考えると、独裁政権の機関誌もなかなか味のある功績を残したものだと思う。

私が三回目のモスクワに赴任した直前には、ゴルバチョフ政権の元で言論の自由が標榜《ひょうぼう》されるようになり、メディアも変わり始めていたが、プラウダ一面に後にゴルバチョフを失脚させてロシアの指導者になるエリツィンの記事が掲載された。彼はアルコールの影響著しく、激しくゴルバチョフを批判していたが、その粗野な言動が大衆の人気を集めていた。アメリカはその人気を見て彼をアメリカに招待し、ブッシュ（父）大統領がホワイトハウスで彼と会談しもてなした。いまでもそうだがアメリカ外交は外国の現政権が危ういと読むと必ず次に出てきそうな指導者に遠慮なくアプローチする。

プラウダに掲載された記事は一面の囲みでイタリアの夕刊紙コリエ・デラ・セラの記事をそのまま翻訳したものだった。エリツィンがホワイトハウスで歓待され気分良くホワイトハウスの庭に出て小用を足したというのだ。多くのロシア人はエリツィンだったらやりかねないと笑った。ロシアは酔っ払いに寛大な風潮がある。

私が一九八九年夏三度目のモスクワに赴任して一番先にやったことは優秀な助手を探すことだった。助手の能力いかんで仕事の質が変わることを痛感していたからだ。幸いモスクワ放送の東京支局長を長く勤め懇意だった人物がテレビ人気番組のキャスターをやっていて、番組の中で私が助手を探していると放送してくれた。おかげで三〇人ほどの応募者がやってきた。面接で私はこの記事を使った。プラウダがこの記事を掲載したことをどう思うかという質問だ。多くの応募者が、エリツィンだったらやりかねない、と答え、あるものは本当かどうか分からない、そんな不品行はロシアの恥だ、などと答えた。ただ一人モスクワ大学日本語科大学院の女子学生が「あの記事はいけないと思う」と言う。なぜそう思うのか、という問い返しに対して彼女の説明はこうだ。「ワシントンにはロシアの通信社もテレビも新聞も特派員を送りこんでいる。もし報道するなら事実関係を自分たちが確かめ、外国の新聞の引用ではなく特派員の記事として伝えるべきだと思います」と。ようやく私が求めていた答えに出会った。文句なくこの人だと決め助手になってもらった。

紙には何でも書けるし、テレビも何でも伝えることができる。しかしその中から真実を摑《つか》み歴史の流れをきちんと読むのは難しいと自戒させられる諺だ。

神様は三つがお好き

Бог《ボフ》 **любит**《リュービット》 **троицу**《トゥロイツ》

ロシアの人の名前は三つからなっている。例えばプーチン大統領はウラジーミル・ウラジーミロヴィッチ・プーチンだ。最初のウラジーミルがファーストネーム、次が父称と言ってお父さんの名前ウラジーミルの子供という意味、最後が姓だ。ややこしいのはその人との関係によってこの三つの使い方が違うという点。ファーストネームで呼ぶのは親しい仲間同士、相手に敬意を持っていることを示すにはファーストネームと父称を合わせて使う。プーチン大統領の記者会見でプーチンの名前が出ることはない。役人も記者も彼に対してはウラジーミル・ウラジーミロヴィッチと呼びかける。さらにややこしいのはファーストネームが親しさ加減でいろいろに変わる。ウラジーミルはヴァロージャ、ヴォーリャ、ヴォーヴォチカなど辞書に載っているだけでも九つもあって、ロシア文学を翻訳で読む場合そのまま訳しては何が何だかわからないということになる。ロシア文学者で元東京外国語大学の学長を務めた亀山郁夫さんが先年ドストエフスキーの長編『カラマーゾフの兄弟』を訳したとき、名前の使われ方の意味を汲み取って意訳して日本人にも意味がわかるように工夫し、これによって日本人のロシア文学にたいする理解と親近感は大飛躍をとげた。

このようにロシアと付き合うのはまずこの名前の三つで苦労する。その一人がチェロの名手ロストロポーヴィッチだ。彼は優れた演奏家というだけでなく、ソ連の暗部を書いて住む場所も奪われていたノーベル賞作家のソルジェニーツィンを自分の別荘に住まわせ、ソ連軍がチェコの自由化運動を抑えるために軍事介入をしたときには抗議の声をあげ、時のブレジネフ政権から国籍を剥奪されてもなお筋を通し続けたという勇気ある人物だ。そんな偉大な人物だから親しくなってもどうしてもファーストネームで呼び捨てにするのは憚《はばか》られた。だからついマエストロと口に出してしまったが、彼はその度に「スラーヴァと呼べ、スラーヴァと！」と言う。彼のファーストネームはムスチスラフで、その愛称がスラーヴァだ。小澤征爾さんとは彼が国籍を剥奪されていたときにも日本の地方を回って屋外での演奏会をする仲で、小澤さんが総監督を務める松本でのサイトウ・キネンフエスティヴァルにも常連出演者だったが、二人はスラーヴァ、セイジンカと呼び合い心を通わせていた。よそよそしい敬称で呼ばれるのは彼の性には合わなかったようだ。

ロストロポーヴィッチは美食家で酒好きだった。その付き合いが今回のテーマ「三つ」につながる。サンクトペテルブルクの自宅のダイニングルームには世界のワイナリーから贈られた特製のポスターがずらりと壁にかけられていた。いずれも世界に名だたるシャトーからのものだ。彼はこれを「アル中証明書だ」と笑った。エッフェル塔を見下ろすパリ十六区の自宅マンションの地下のセラーには、名だたる銘酒が壁一杯のワインラックに保管されていた。その時はソニーの音響専門家と一緒だったが、仕事を終わってロストロポーヴィッチが私たちに好きなものを一本選べという。中に彼の手書きで「触れるな！」と紙が貼られたケースがあった。彼が国籍を剝奪された年のワインだった。私は噂《うわさ》に聞いていたシャトーラトゥールの一九七六年を選んだ。彼が「オッ！」と声を上げた。ワイン通には垂涎《すいぜん》のものだったのだろう。

酒席が始まった。神様は三つがお好きという諺は酒の席に欠かせないものだと知る。三つというのはキリスト教の教義で三位一体、父（神）と子（キリスト）と精霊が一体であるという神聖な教義とのこと。ロシア式の酒席では一人で勝手に飲むという風習はない。誰かがグラスを手にしてスピーチをして〝ダ・ドゥナー！〟と杯を上げる。〝底まで〟という意味だ。飲み干したのを証明するためグラスを逆さまにしてみせるのがしきたりだ。文字通りの乾杯だ。乾杯の挨拶は人物の評価に影響する。気の利いたユーモアがあれば酒の味も良くなり、人物の評価も上がる。

その席に登場する常連が今回の諺だ。

Бог любит троицу
ボフ　リュービット　トゥロイツ
神様は三つがお好き

「神様は三つがお好きだ、さあもう一杯いきましょう」というわけだ。では三杯で終わるかといえばそこが酒好きの皆さんの思考の柔軟性の見せ所だ。確か四杯目には「柱が四本なければ家は建たない。もう一杯！」というらしいが、それ以上はもう理屈は要らない。神様のお好きな三つが延々と続く次第になる。ロシアの酒席は神様をだしにして喉を潤し頭を使う楽しみだ。ロストロポーヴィチとの酒席はいつもその醍醐味《だいごみ》を味わせてくれた。

だが神様を味方にしたロシアの酒好きは社会問題の根源にもなっている。酒を飲まないゴルバチョフが一九八五年に政権の座についた時ロシア人男性の平均寿命は六十歳。これでは国の将来が危ういと、政策の柱に節酒運動を取り込んで午後二時までの飲酒禁止などを始めたがこれが国民の不評で成果を上げられず、ゴルバチョフ時代にも男性の平均寿命は下がり続けた。ゴルバチョフを倒して大統領になったエリツィンは本人が無類の酒好きの影響があって言動もひどく不安定で、国民に健康な暮らしをもたらす施策はなく、彼の時代十年足らずで男性の平均寿命は五十七歳にまで落ち込んだ。男性の平均寿命が伸び始めたのは二〇〇〇年にプーチン政権が誕生してからだ。五年後には六十歳の大台にのりその後も毎年伸び続け、二〇一八年に六十八歳を記録した。プーチン大統領はゴルバチョフほどではないがアルコールは嗜む程度で、郊外の大統領公邸には温水プールと柔道場が併設され健康志向のライフスタイルを守っている。

ＷＨＯによるとロシアのアルコール摂取量は二〇〇三年から二〇一六年の間に四三パーセントも減少した。ロシアの平均寿命の伸びとアルコール摂取量は明らかにプラスの相関関係があるが、戦争はこの傾向にブレーキをかけることを予感させている。

試みは拷問ではない

Попытка не пытка

パプィトカ　ニェ　プィトカ

この諺《ことわざ》が大好きだ。まず音が素晴らしい。パプイトカ　ニェ　プイトカと弾むように発音する。声に出すだけで身が軽くなるようにさえ感じる。次にこの諺が教えてくれる心が素晴らしい。難問に直面すると人は怯《ひる》み諦めたい気持ちになるものだが、拷問にかけられるわけではないのだからまずやってみたら、という前向きの姿勢が好きだ。軽妙な音の響きも、そう深刻がらずにやってみなはれ、とやさしい関西弁で言われているような感触がある。この諺は私が大学に入ってロシア語のアルファベットもわからないうちに、いきなり暗記させられた諺の中の一つで、大袈裟《おおげさ》に聞こえるかも知れないが私の仕事の原動力になっていた。

最初に赴任した共産主義下のロシアはジャーナリストにとって困難の塊だった。言論統制という報道には最大の難関がすべての問題で待ち構えていた。そんな時この諺を声に出して言ってみると不思議に、「やってみるか、出来なくてもともとだ！」という気になったものだ。ダメモト精神の呪文だった。モスクワに赴任して一年近くになり、生活にも慣れロシアの人たちの気持ちも少しわかるようになって、一つ試してやろうと考えたことがある。モスクワの国際空港シェレメーチェヴォにはＶＩＰの出入り口があった。代議員ホールと呼ばれていた。表向き人は皆平等と謳《うた》っている国だからＶＩＰ要人などという表現をするのは憚《はばか》られたのかと笑う余裕も出始めた頃だ。ここに潜り込んでみたらどうなるか試してみることにした。

まず支局の運転手に車を磨き上げておくように指示した。当時は給油所に洗車の装置などなく、一般の車は本当に泥をかぶったような状態で走っていた。きれいな車はそれだけで要人の乗るものだと分かった。当日運転手に背広を着てくるよう伝え、空港の代議員ホールに着いたらすぐに降りてドアを開けるように指示した。当時の習慣では運転手横の席が一等席ということになっていた。その席に座って空港に着いた。運転手が恭しくドアを開けるのを待っておもむろに外に出る。入り口には二人の警備兵が立っていた。背広にネクタイ姿の私は、兵士の顔には目もくれず、真っ直ぐ前を向いて中に入った。入れたのだ！　兵士は磨き上げられた車、背広姿の運転手の恭しい態度、そして私の堂々たる態度に誰何《すいか》する勇気はなかったのだろうと推測した。諺にいうまずやってみろという教えが生きたのだ。

Попытка не пытка
パプィトカ　ニェ　プィトカ
試みは拷問ではない

Если захочешь,
любая работа пойдет хорошо
イェスリ　ザホーチェッシ、
リュバーヤ　ラボータ　パイジョート　ハラショー
その気がありさえすれば
どんな仕事でもうまく行く

Счастье придёт, и на печи найдёт
スチャースチエ　プリジョート、イ　ナ　ペーチ　ナイジョート
幸福は暖炉の上にやってくる

このささやかな成功でロシア社会には意外に抜けたところや柔軟なところがあることがわかった。失敗を恐れずにまずやってみようという私のロシア取材の心強い味方ができた。失脚していたフルシチョフ首相の埋葬を夜明けに墓地に潜り込んでスクープするなど、それ以後もこの方式でロシアの取材が楽しみになった。入学したばかりでロシア語の文字も知らない学生に諺を覚えろと推してくれた先生は謹厳実直を絵に描いたように真面目で笑い顔など見せたことはなかったが、いまから考えると先生はロシアの人たちの心を摑《つか》んでいたのではないかと思う。

その気がありさえすればどんな仕事でもうまく行く

同じ趣旨の諺だが、こちらのバージョンは厳しい経

営者が社員にハッパをかけているような趣があって、ユーモアや気持ちの余裕などは感じさせない。それに比べると短いほうは響きも良く、声に出しても二秒足らずの簡潔さで人の心にすんなり入ってくる。諺にも品格があるのだ。

格は違っても努力を促す諺は多いが、ロシアには果報は寝て待てと説く諺も多い。

幸福は暖炉の上にやってくる

寒さに半年も閉じ込められるロシアでは暖炉は家の中心だ。そこで団欒《だんらん》をしていれば幸せが暖炉の上にやってくるという、なんとものんびりした言い方だ。ロシアには〝あくせく〟という言葉がないのではないかと思うほど、悠然と暮らしている人たちの姿が浮かんでくる諺だ。

諺《ことわざ》は永遠に滅びない

Пословица вовек не сломится
パスローヴィツァ　ヴァヴェク　ニェ　スラミーツァ

ロシアの人々の暮らしや発想が諺と深く広く結びついていることを紹介してきたが、ロシアの政治の分野でも、外国との首脳会談でも諺が躍動していることをお伝えするのがこの最終章の狙いだ。まず世界のどの国にも諺の文化があることは承知の上だが、ロシアのように諺についての諺が多数あるのは珍しい。例えばこんな具合だ。

一人の言葉だけでは諺にはならない

優れた企業家や文化人、運動選手などが実績を背景に立派な言葉を残して人々に感銘を与えることはあっても、それがお金持ちもそうでない人も、地位のある人でもそうでない人も、あまねく納得させるものではないだろう。少数の人がどんな立派なことを言っても諺にはならない。多くの人

Пословица вовек не сломится
パスローヴィツァ　ヴァヴェク　ニェ　スラミーツァ
諺は永遠に滅びない

が繰り返し長い間使って初めて諺になるのだというのがロシアの諺を定義する諺だ。さらにこう言う。

諺が言われるのには訳がある

諺になる言葉が繰り返し使われるのは単なる偶然ではなく、その時に使われる必然性があると言っている。

この表現の一語を変えるとこうなる。

諺は的を外さない

これだけ敬意を持たれている諺だから活用される頻度も半端ではなく、それがまた諺になっている。

諺は徒歩でも乗り物でも避けては通れない

暮らしの中でいかに便利に使われているかが諺になっているというわけだ。

この諺を世界中に証明する出来事が二〇二一年六月、ジュネーブで行われた米ロ首脳会談の直前のNBCテレビとプーチン大統領の長時間インタビューだった。このインタビューについては「ツバメ一羽では春ならず」のところでも触れたが、大統領は一番インタビューが白熱した場面で諺を二つも使った。最初に使ったのはインタビュアーがロシアの反プーチン勢力の代表としてアメリカが持ち上げている人物を大統領はどう扱うのかと詰問した時だ。大統領は外国の勢力が資金援助をして反政府勢力を煽《あお》ることが目立つようになり、それを防ぐために最近法律が作られ、関係した者はその法律に基づいて裁判の結果投獄されている、刑を決めるのは大統領ではなく裁判所だと説明した。

質問者はこの時しばしば口をはさみ追及の意気込みを見せたが、大統領は「君は私の答えを聞こうとしていない」と遮って話を続け、アメリカが外国からの支援を受けた反政府活動に対する処罰法を一九三〇年に成立させ、その罰則はロシアが定めたものよりはるかに厳しい内容だと言い、我が国にはこんな諺があると言ったのが次の諺だ。

自分の顔が醜いのを鏡のせいにしてはならぬ

正直にいうと私はロシア語の諺を理解できなかった。いろいろ当たってみたが該当する諺が見つからず、同時通訳の第一人者吉岡ゆきさんに尋ねてやっと分かった。諺の原型は昔の庶民の言い回しで、大統領が口にしたものはそれを現代の言葉に変えたものだという。二百年ほど前、作家のゴーゴリが書いた戯曲『検察官』の中でその庶民の言い回しが使われ、日本では「てめえの面がひんまがっているのを　鏡のせいにしちゃぁいけねぇぜ」と訳されていると教えていただいた。インタビューの中で殺人者呼ばわりまでされている大統領としては、現代的なおとなしい表現よりも、二百年前の粗野な口調の方が気持ちにピッタリだったのではないかと思ったことだ。

この諺をNBCはDon't get mad if you are ugly　と訳したが、インタビュアーはこの時ばかりは反論もせず話題を変えた。

次に大統領が諺を使ったのは「ツバメ一羽では春ならず」の諺で紹介した場面だった。ロシアが東西ドイツの統一を認めるならアメリカは西側諸国の軍事機構NATOをロシアに向かって拡大しないと約束したことが公式の文書になっていないと指摘された時、パチパチと手を叩き「その通りだ！」と言った時だ。大統領が明らかに興奮して口にしたのが次の諺だ。

四つの握り拳でバカを騙《だま》した

大統領はこの諺を早口でわずか一・五秒で喋《しゃべ》り次の言葉を続けている。NBCの同時通訳者も訳すことが出来なかった。私の耳では正しく理解できない。また吉岡ゆきさんに意味と背景について

Одна речь не пословица
アドナー　レーチ　ニェ　パスローヴィツァ
一人の言葉だけでは諺にはならない

Пословица недаром молвится
パスローヴィツァ　ニェダーラム　モールヴィツァ
諺が言われるのには訳がある

Пословица не мимо молвится
パスローヴィツァ　ニェ　ミーマ　モールヴィツァ
諺は的を外さない

Пословицы не обойти, не объехать
パスローヴィツァ　ニェ　アバイチー、ニェ　アブイェーハチ
諺は徒歩でも乗り物でも避けては通れない

Нечего на зеркало пенять,
если рожа кривая
ニェーチェヴォ　ナ　ゼールカロ　ペニャーチ、
イェッスリ　ロージャ　クリヴァーヤ
自分の顔が醜いのを鏡のせいにしてはならぬ

Обманули дурачка на 4 кулачка
アブバヌーリ　ドゥラチカー　ナ　チェトゥイレ　クラチカー
四つの握り拳でバカを騙した

解説していただいた。諺は秤《はかり》や物差しなどがなかった時代にできたと考えられているもので、物を測ったり量を決めたりするのに握り拳を基準にしたのだという。それが諺になって生き残り、大統領が使ったのは「ほんのわずかな物でバカを騙した」という意味だという。NBCの通訳が翻訳に間に合わなかったのは早口だけが理由ではなかったかもしれない。それはそれで良いとして、問題は誰をバ

カと言っているのかということだ。文脈をどんなに虚心に善意で解釈しても、バカが誰を指しているかについて議論にはならない。現職の大統領が先輩大統領の人の良さのせいでどれだけ苦労しているかが察せられる。興奮した場面で、同時通訳がいることも忘れて早口で諺が飛び出すところに、この国で諺が広く暮らしに根ざしていることがお分かりになるだろう。

興奮してこの諺を口にしたプーチン大統領は二〇二二年八月に九十一歳で亡くなったゴルバチョフ元大統領の葬儀を国葬にもせず、葬儀にも出席しなかった。

ロシアの大統領が大国アメリカの大統領との首脳会談を直前にした重要なインタビューでも、このように諺が使われている。市井の人たちは言うまでもない。相手を褒めたり貶《けな》したり、教えたり教えられたり、悲しんだり喜んだりと諺の表現を生活の中に取り込んでいるのがロシアだ。たどたどしいロシア語しか使えない外国人がロシア語の諺一つを口にしただけでロシアの人たちが親しみの表情を見せる背景がお分かりいただけるだろう。かくして「諺で知るロシア」の締めが冒頭の諺「諺は永遠に滅びない」です。

本書関連年表

九〜一三世紀	東スラブ人を中心にしたキエフ・ルーシ（ロシア）時代
一三世紀中頃	モンゴル人来襲による「タタールのくびき」時代（〜一四八〇年）
一五〜一八世紀	モスクワ・ロシア時代ロシアが全土を統一　専制と農奴制確立へ
一六八二年	ピョートル一世ツァーリ（皇帝）に
一七〇三年五月	ピョートル一世、ネヴァ河口に要塞建設を開始　サンクトペテルブルクの始まり
一七一三年	サンクトペテルブルクを首都に
一七二一年九月	二十一年にわたる対スウェーデン戦争に勝利　ピョートル一世、大帝に
一七六四年	エカチェリーナ二世、冬の宮殿にエルミタージュ美術館増設
一八一二年六月	ナポレオン軍七〇万、ロシアに侵攻　九月一四日モスクワ入城 ロシアは焼土作戦　一〇月一九日ナポレオン軍撤退開始　一二月初めナポレオンは少数の側近と橇《そり》で脱出　生存兵は二万余　ロシアは「祖国戦争」と命名
一八二四年	ベートーヴェン作曲・荘厳ミサ曲、サンクトペテルブルクで世界初演

一八五三～五六年	クリミア戦争　ロシア対トルコ・英・仏など連合国
一八六五～六九年	トルストイ、ナポレオンとの戦いをテーマに『戦争と平和』執筆
一八六七年三月	アラスカをアメリカに売却
一八八五年	トルストイ『イワンのばか』出版　十七年後（明治一八年）日本で翻訳出版
一九〇三年	独学のツィオルコフスキー、人工衛星の可能性を予言
一九一四年七月	第一次世界大戦（～一九一八年一一月）
一九一七年三月八日	サンクトペテルブルク郊外ブイボルグの女性「パンよこせ」デモ　軍も加担
	皇帝ニコライ二世退位　ロマノフ王朝の終焉
一一月七日	ロシア革命　レーニンの共産革命政権成立
一九二四年一月二一日	レーニン病死
一九三〇年	スターリン、レーニン死去後の熾烈《しれつ》な権力闘争を勝ち抜き最高権力者に
一九三一年	スターリン、モスクワ一の大聖堂を爆破（一九六〇年跡地に大屋外温水プール）
一九四一年六月二二日	大祖国戦争（第二次世界大戦のロシア名）（～一九四五年五月九日）
一九四九年一〇月七日	東ドイツ建国（以下東独）
一九五三年三月五日	スターリン死去　同年九月　フルシチョフが共産党第一書記

一九五四年	フルシチョフ、クリミアをロシアからウクライナへと移管　ウクライナ出身のニーナ夫人への誕生日祝いだったとの説あり
一九五六年二月二五日	フルシチョフ、スターリン批判の秘密報告　スターリン時代の圧政・恐怖政治を批判
一九五七年一〇月四日	世界初の人工衛星打ち上げ、預言者ツィオルコフスキー生誕百周年
一九五八年	フルシチョフ、首相就任
	チャイコフスキー国際コンクール第一回、モスクワで開催
一九五九年九月	フルシチョフ、ニーナ夫人と二週間訪米
一九六一年四月一二日	ガガーリン、人類初の有人宇宙飛行
一九六二年一〇月	キューバ危機　ソ連、キューバにミサイル供与計画
一九六四年一〇月	フルシチョフ失脚　東京オリンピック開催中
一九七〇年	チェリスト・ロストロポーヴィチ、反体制作家ソルジェニーツィンを擁護
一九七五年	コメディー映画「運命の皮肉」、貧弱な住宅事情を背景にした悲喜劇　年末TVの定番に
一九七八年	ブレジネフ政権　ロストロポーヴィチの国籍剥奪

一九七九年	ロシア映画「モスクワは涙を信じない」一九八〇年の米アカデミー外国語映画賞受賞
一九八二年一一月一〇日	ブレジネフ書記長死去　十八年間支配の終わり
一九八五年三月一一日	ゴルバチョフ書記長就任（五十四歳）ヤコブレフ氏を補佐官に任命
三月二八日	画家シャガール死去（九十七歳）
五月	棒高跳びブブカ、六メートル超え　世界記録を更新　二〇二〇年まで記録保持者
一一月	ジュネーブでゴルバチョフ・レーガン米ソ首脳会談
一九八六年二月一九日	宇宙ステーション・ミール打ち上げ　宇宙研究世界協力のモデルに
四月二六日	チェルノブイリ原発事故　ゴルバチョフ書記長十八日後に初めて事故に言及
一〇月	レイキャヴィックでゴルバチョフ・レーガン首脳会談
一九八七年秋	モスクワ・プーシキン美術館でシャガール生誕百年特別展　展示二百五十九点中八十五点がソ連国立美術館の収集作品と判明
一九八八年一二月	アルメニア大地震
一九八九年一〇月七日	東独四十周年式典　ゴルバチョフ他、東欧首脳参列

	一〇月一七日	東独ホーネッカー解任決定　クレンツ政治局員が書記長・国家元首に
	一一月二日	東独クレンツ新書記長モスクワ訪問　ゴルバチョフと会談
	一一月九日	東独、市民の西ベルリン訪問自由化を発表　ベルリンの壁崩壊
	一一月一三日	東独、旧ポツダム広場で壁の撤去作業を開始
	一二月	ゴルバチョフ・ブッシュ米ソ首脳マルタ島で会談　冷戦終結宣言
一九九〇年二月		ゴルバチョフ・ベイカー米国務長官モスクワで会談
	一二月	シェワルナゼ外相、辞任の演説で「独裁が近づいている」と警告
一九九一年四月		ゴルバチョフ大統領訪日　帰国の特別機内でヤコブレフ首席補佐官辞表提出
	八月一九日	反ゴルバチョフ・クーデター　首謀者、ヤナーエフ副大統領ら党・軍保守勢力・農業団体　三日後ゴルバチョフ救出　クーデター失敗
	八月二二日	エリツィン、市民二〇万人参加の集会で勝利宣言
	一二月二五日	ゴルバチョフ、大統領を辞任　ソ連共産主義主義体制の終焉《しゅうえん》
一九九二年一月		エリツィン体制の始まり
一九九五年一月		モスクワ屋外プール跡に大聖堂再建工事開始
	四月	エルミタージュ美術館で印象派七十四点の特別展　ナチスドイツからの戦利品

一九九八年　ニキータ・ミハルコフ監督の映画『シベリアの理髪師』大ヒット
八月一七日　ロシア通貨暴落、対外債務支払いできずデフォルト
一一月　NHK「ロシア　挑戦する指揮者ゲルギエフの世界」放送
一九九九年　ロシア、出生率一・一六人　世界最少を記録
二〇〇〇年一月　エリツィン、大統領辞任を発表　大統領代行にプーチン首相を指名
二月二二日　プーチン政権、新国歌採用　最初の大統領令でエリツィンの刑事訴追永久免責
NHK「時を超え、国境を越え〜マイヤ・プリセツカヤ　二十一世紀への証言」放送
二〇〇三年三月　ブッシュ政権、英豪軍とともにイラク攻撃開始。独仏露は軍事介入反対
原油価格高騰　ロシアの財政を豊かに
五月二六日　著者、プーチン大統領にインタビュー
二〇〇四年　シャラポワ、ウィンブルドンで優勝（十七歳二カ月）史上三番目の年少記録
二〇〇七年四月二三日　エリツィン、多臓器不全で死去（七十六歳）
四月二七日　ロストロポーヴィチ死去（八十歳）
二〇一三年三月一七日　プーチンが私淑した柔道のラフリン師死去（七十五歳）

二〇一四年 ロシア、クリミア併合
二〇一五年 プーチン大統領、シベリアの宇宙開発都市をツィオルコフスキー市と命名
五月二日 マイヤ・プリセツカヤ死去（八十九歳）
二〇一八年五月 ロシア本土とクリミアを結ぶクリミア大橋完成
六〜七月 サッカーW杯ロシア大会開催
二〇一九年一一月二九日 アムール川中流ブラゴヴェシチェンスク市と中国黒河市に橋完成　両市ヴィザ免除協定
二〇二〇年八月 救世主ハリストス大聖堂完成
八月 ロシア、コロナワクチン実用化　世界初
四月 バイデン米大統領、「プーチンは殺人者」発言
六月 プーチン大統領、駐米大使に帰国命令
ジュネーブでバイデン・プーチン首脳会談　共同会見なし
二〇二二年二月二四日 ロシア、ウクライナへの軍事侵攻開始　特殊軍事作戦と命名
八月三〇日 ゴルバチョフ死去（九十一歳）　国葬なし　プーチン大統領、葬儀に参列せず

[著者紹介]

小林和男（こばやし　かずお）

1940年長野県生まれ．東京外国語大学ロシア語科卒．NHK入局後，70-95年モスクワ，ウィーンで14年に亘り特派員支局長．1991年ソ連崩壊の報道で第40回菊池寛賞．1993年ソ連ロシアの客観報道でモスクワジャーナリスト同盟賞．NHK解説主幹,作新学院大学教授の後フリージャーナリスト，民間外交推進協会専門委員．

著書に『エルミタージュの緞帳～モスクワ特派員物語』（1998年日本エッセイストクラブ賞）．『1プードの塩～ロシアで出会った人々』『狐と狸と大統領～ロシアを見る目』（以上NHK出版），『白兎で知るロシア～ゴルバチョフからプーチンまで』（かまくら春秋社），『希望を振る指揮者～ゲルギエフと波乱のロシア～』（かまくら春秋社とロシアAST社ロシア語版同時出版），『プーチンと柔道の心』（共編著，朝日新聞出版）など．

頭《あたま》じゃロシアはわからない

――諺《ことわざ》で知るロシア

NDC880／x, 239p／19cm

初版第1刷 ――― 2023年7月20日

著　者 ――― 小林和男《こばやしかずお》

発行者 ――― 鈴木一行

発行所 ――― 株式会社 大修館書店

〒113-8541 東京都文京区湯島2-1-1

電話03-3868-2651（販売部）　03-3868-2293（編集部）

振替00190-7-40504

[出版情報] https://www.taishukan.co.jp

組版・装幀デザイン ― 明昌堂

印刷所 ――― 藤原印刷

製本所 ――― 牧製本

ISBN978-4-469-21393-5　Printed in Japan